KB071848

✦　해내려는 마음은 늙지 않는다　✦

✦ 지독한 열정주의자의 유쾌한 중년 처방 ✦

해내려는 마음은 늙지 않는다

김원곤 지음

청림출판

중년의 몸에 깃든
청년의 마음

장면 하나. 볼록한 배를 보란 듯이 내밀고 뒷짐을 진 채 한가롭게 골목길을 서성이는 40대 아저씨가 있다. 1960년대의 모습이다.

장면 둘. 이제 손주들도 여럿이고 거울을 보면 얼굴의 주름살도 완연해 꼼짝없는 노인이 되었다고 한탄하는 50대 할머니가 있다. 1970년대의 모습이다.

장면 셋. 수술해야 한다는 의사의 말을 듣고 "이제 환갑, 진갑 다 지났는데 얼마나 더 살겠다고 이런 큰 수술까지 받겠느냐"며 고개를 절레절레 젓는 60대 할아버지가 있다. 1980년대의 모습이다.

나는 1950년대에 태어나 1960년대에 초등학교와 중학교를 다녔고 1970년대에는 대학과 군대에서 생활했으며 1980년대에는 본격적으로 사회생활을 시작했다. 마산에서 부산으로, 그리고 다시 서울로 거주지를 바꿔가면서 본 주위 어른들의 모습은 지금도 기억 속에 선명하게 남아 있다. 그때로부터 불과 수십 년밖에 지나지 않았지만 당시만 해도 평균수명이 현저하게 낮았고 사회적으로는 경로사상이 일상을 강하게 지배했다. 남자는 40세가 넘으면 불혹不惑을 앞세우며 어른 대접을 받으려 했고 50세가 되면 지천명知天命의 구호 아래 웬만큼 생을 살았다는 분위기를 물씬 풍겼다. 60세가 되면 귀가 순해진다는 이순耳順은 말이 좋아 '누가 어떤 말을 해도 화를 내지 않는다'는 경지였지, 실은 '이제 늙었으니 세상일에 더는 깊이 관여할 수도, 할 필요도 없다'는 자기암시나 다를 바 없었다.

나이가 들어 보이거나 실제 든 사람에 대한 경외감도 대단히 높아 사람들은 굳이 젊게 보이려고 애를 쓰지도 않았으며, 오히려 '너무 젊어 보여 제대로 어른 대접을 받지 못한다'고 진지하게 푸념하는 이들까지 있을 정도였다.

이처럼 과거의 50세는 자타공인 노인으로 들어가는 문턱이었다. 집안에서는 서서히 손주들이 태어나고 직장에서는 본격적으로 원로 대접을 받기 시작하며 장사하는 사람 중에서는 자식들에게 가업을 넘겨주는 일도 적지 않았다. 1960년대 한국인의 평균 수명이 56세였으니 어쩌면 당연한 현상이었을 것이다. 많은 사람이 '환갑까지만 살았으면 좋겠다'라고 생각해서 환갑이 되면 자식들이 동네방네 사람들을 초대해 성대하게 잔치를 벌였다. 70세까지 살아 고희古稀연까지 하게 되면 특별한 복을 타고난 사람으로 모두가 생각했다. 나 역시 예외는 아니어서 '환갑까지만이라도'가 젊은 시절 인생 목표 가운데 하나였다.

그런데, 상황이 알게 모르게 급변했다. 지하철에서의 변화가 가장 상징적이었다. 1990년대에는 60대만 되어도 별다른 경쟁 없이 편하게 경로석에 앉을 수 있었다. 그러다 2000년대에 접어들면서 상황이 눈에 띄게 달라졌다. 꽤 나이가 들었거나 두드러지게 병약해 보이지 않으면 경로석 근처에 어슬렁거리기가 민망해졌고 젊은이들은 점차 자리를 양보하지 않게 되었다. 50대는 언감생심 나이 든 흉내조차 낼 수 없는 시대가 온 것이었다.

주변에서의 이런 변화와 함께 사회 곳곳에서는 본격적으로 노익장이 넘치는 세상이 시작되었다. 그다지 오래전도 아닐 때, 일부 시니어 몸짱들은 그 존재만으로도 많은 사람의 화제에 올랐지만 이제는 나이가 들었는데도 운동으로 제대로 몸 관리를 하지 않는 사람들이 거꾸로 입방아에 오르내리는 시대가 된 것이다. 어디 몸뿐이겠는가! 옛날이라면 여지없이 뒷방 노인으로 불릴 수밖에 없는 사람들이 오늘날 온갖 새로운 도전에 나서고 또 속속 놀라운 성과를 거두고 있다. 누군가가 처음으로 낯선 문을 열기만 하면 마치 기다리고 있었다는 듯이 줄을 이어 후속 도전자들이 나타난다. 그러다 보니 오늘날의 나이는 전통적 개념에서 0.7을 곱해야 현실적으로 알맞다는 주장까지 나오게 되었다. 산술적으로 50세면 35세로, 60세면 42세로 생각하며 마음을 고쳐먹어야 한다는 의미다. 그야말로 '나이 파괴' 시대의 도도한 강물이 우리 곁을 흘러가고 있는 셈이다.

그러나 그렇다고 해서 오늘날의 50세가 과연 35세가 될 수 있단 말인가? 30대의 두뇌 회전력과 강건한 체력을 유지하면서 보란 듯이 씩씩하게 세상을 살 수 있는가? 이것은 아무리 그럴듯한 논리로 포장하더라도 실제 그렇지 않다는 것을 우리 모두 직간접 경험으로 잘 알고 있다. 나이는 마법처럼 본인이 마음먹은 대로 늘었다가 줄어드는 요술 지팡이와 같은 것이 아니기 때문이다. '나이는 숫자에 불과하다'라고 주문처럼 외쳐본들, 나이는 엄연히 나이다. 장수 시대와 노익장 시대가 가까워진 것은 의학과 경제가 비약적으로 성장하며 이른 나이에 질병으로 아깝게 사망하는 사람들이 현저히 줄어서 생긴 결과이지 50대가 30대의, 60대가 40대의 체력과 두뇌를 갖게 돼서 그런 것은 아니다.

일본이 낳은 세계적인 야구선수 스즈키 이치로는 그의 등번호인 51번처럼 51세까지 현역 선수 생활을 이어나가겠다고 여러 차례 공언했고, 실제로 초인적인 노력과 성과를 보여주었다. 그런 그도 결국은 세월의 흐름에 따라 기량이 저하되면서 2019년 눈에 띄게 늘어난 흰머리와 함께 46세의 나이에 은퇴할 수밖에 없었다.

미국 프로레슬링 세계에서 전설 중의 전설로 불리는 '언더테이커'라는 가공할 체력의 선수가 있다. 그 역시 세월의 힘만은 거스를 수 없어, 2020년 이미 일찌감치 흐트러진 몸매로 마지막 투혼을 불태운 뒤 55세의 나이에 은퇴를 선언했다. 그나마 이들은 80억 명의 인류 중 백 년에 한 번 날까 말까 한 특출한 체력의 인물들이었으니까 이런 정도지만, 일반적인 50대들은 어제오늘이 다를 만큼 체력이 떨어져 차마 꿈에서라도 30대로 자처하기가 어려울 정도다.

그나마 50대들에게 비빌 언덕처럼 보이는 지적 능력은 어떨까? 물론 나이가 들며 사고력, 통찰력, 경험 등이 유리하게 작용하는 분야들이 있겠지만 전반적인 상황만 놓고 보면 이 역시 체력과 비교해 그다지 나아 보이지 않는다.

바둑을 예로 들어보자. 예리한 수읽기로 한때 면도날이라 불리며 일본 바둑계의 한 시대를 풍미했던 사카다 에이오는 전성기에 "바둑을 알려면 40세를 넘겨야 한다"라는 유명한 말을 남겼다. 바둑에서 요구되는 넓은 통찰력과 깊은 사고력, 그리고 정적인 분위기를 생각하면 충분히 납득할 만한 주장이다. 그러나 이론과는 달리 현실은 한참 전부터 바뀌었다. 10대에 세계 대회에서 우승하는 기사가 나오는가 하면 내로라하는 국수도 30대부터 본격적인 내리막길에 접어들기 시작한다. 40세가 넘으면 노장 취급을 받고 50세가 되면 경로 우대 경기인 시니어 리그에 참가할 수 있는 특전이 주어진다. 그들 스스로도 대국 중에 '사진을 너무 자주 찍는다(착각한다는 뜻의 바둑계 은어)'라고 자조 섞인 농담을 주고받는다. 이창호와 이세돌 국수 역시 한때 한국 바둑의 양대 산맥으로 세계 대회를 호령하며 대중적으로도 인지도를 넓혔지만, 30대가 되면서 실력이 극심하게 저하되어 이러한 현실을 짐작케 했다.

50대의 위기는 여기서 끝나지 않는다. 과거와 같은 평생직장의 개념이 허물어지면서 이제는 조기 은퇴가 자리잡은 지도 제법 되었다. 은퇴자들의 온라인 카페에 가보면 글을 올리는 사람들의 주축 역시 50대다. 그런데 50대라는 이른 나이에 겪는 은퇴는 경제적 문제와 더불어 자칫하면 심각한 정신적 위축까지 초래한다. 무엇보다 50세라는 나이가 되면 그 숫자가 가리키는 상징적인 의미가 크게 다가오는 것을 부인할 수가 없다. 비록 반백년이 과거에는 인생 황혼기였다가 지금은 중반기로 바뀌었다고 하지만, 50이라는 숫자만으로도 다시는 피 끓는 청년기로 영원히 돌아갈 수 없다는 것을 우리는 잘 안다. 사람에 따라 다르겠지만, 대부분은 매사에 자신감이 없어지면서 새로운 도전에 의기소침해질 수밖에 없다는 뜻이다. 이미 약해진 체력과 희미해져 가는 기억력에 더해 그야말로 엎친 데 덮친 격이다.

다시 정리해보면 의학의 발전과 생활 여건의 향상으로 오늘날 많은 사람이 장수의 혜택을 누릴 확률이 높아졌지만, 그렇게 얻은 덤 같은 세월도 어느 정도 체력과 두뇌 활동이 유지되고 이를 슬기롭게 버텨낼 자신감과 정신력이 뒷받침되어야만 그 진정한 가치가 발휘될 수 있다. 그렇다면 과연 이미 은퇴 상태에 있거나 아니면 곧 은퇴를 맞이할 50대가 본격적으로 마주하는 '체력 저하', '지력 감퇴', 그리고 '자신감 결핍'이라는 삼중고를 어떻게 극복하고 또 헤쳐나가야 할 것인가.

나는 지금으로부터 약 20년 전, 50세가 되었을 때 내 인생을 크게 바꾸어놓을 두 가지에 도전했고 결과적으로 가시적인 성과를 거두었다. 당시만 해도 '은퇴 후 생활'이라는 개념도 사회적으로 요란스럽지 않을 때였고, 개인적으로도 그런 점을 의식하며 시작한 것이 아니었다. 그러나 그렇게 우연히 시작한 도전들이 지금에 와서 돌이켜보면 훌륭한 은퇴 대비이자 선물이 돼주었다. 이런 의미에서 지금부터는 50대를 먼저 보낸 선배로서, 그리고 실제 은퇴 생활을 하고 있는 경험자로서 그간의 실전 경험을 바탕으로 50대를 겪으면서 느껴왔고 지금까지 절실히 느끼고 있는 것들을 대해 이야기해보고자 한다.

1장

내가
오십이 되었을 때

누구에게나 인생은 한 번밖에 주어지지 않는다. 욜로를 외치면서 찰나의 즐거움에만 치중하기보다는 하나밖에 없는 인생의 후반을 시시하게 보내지 않겠다는 각오를 다지는 것이 중요하다. 그러다 보면 50대 인생의 앞길에 어느 순간 파릇파릇 회춘의 새 길이 열릴 것이다.

外国語 공부와 뇸만틀기에
새롭게 도전!

나의 외국어 도전기

2003년 봄, 어느 날 문득 이런 생각이 들었다.

'이제 우리 나이로 50세가 되었는데 더 늦기 전에 영어 이외
에 새로운 외국어를 하나 더 배워볼까?'

업무에서나 일상생활에서 또 다른 외국어를 공부해야 할 이
유는 아무것도 없었다. 서울대학병원 흉부외과 교수라는 주위에
서 인정받는 안정된 직장에서, 외국어는 영어 하나만 잘해도 모
든 일에 아무런 문제가 없었다. 게다가 미래에 외국어와 연관된
특별한 계획이 있는 것도 아니었다. 순수하게 지적 호기심에 이

끌렸다고 멋있게 수식할 수도 있겠으나, 그것보다는 세월이 덧없이 흘러가는 데 대한 아쉬움과 막연한 공허감이 더 크게 작용했다는 것이 옳다. 예나 지금이나 50세라는 나이는 숫자의 상징성에서나 실제 삶에서 특별할 수밖에 없기 때문이다. 또 당시 사회적으로 주 5일 근무 분위기가 점점 자리 잡고 병원에서도 연공 서열이 어느 정도 높아지며 자연스럽게 잡무에서 하나하나 해방되면서 여유 시간이 조금 더 생긴 것도 자그마한 추가 동기가 되었을지 모르겠다.

이렇게 새로운 도전을 결심하고 나니 다음 단계로 어떤 외국어를 배울 것인가를 결정해야 했다. 반드시 배워야 할 언어도, 꼭 배우고 싶은 언어도 없었기 때문에 선택의 문은 활짝 열려 있었고 그만큼 꽤 고민이 되었다.

일단 일본어, 중국어, 프랑스어, 스페인어, 독일어 등이 먼저 머리에 떠올랐지만, 그중에서 프랑스어와 중국어는 일차 선택지에서 제외되었다. 프랑스어는 고등학교 시절의 간접경험에 가로막혔다. 당시 제2외국어로 독일어와 프랑스어 가운데 하나를 선택해야 했는데 이과였던 나는 보편적인 추세에 맞춰 독일어를 선택했다. 이후 프랑스어를 배우던 친구들에게서 이따금 들었던 기묘한 프랑스어 발음만으로도 영원히 나와는 인연이 없겠다고 생각했다. 중국어도 마찬가지였다. 나는 국민학교(지금의 초등학교) 시절부터 한자를 배운 세대였기 때문에 중국어에서는 간체자間体

字를 주로 사용하더라도 무척 유리하겠다고 생각했지만 문제는 역시 발음이었다. 주위 사람들이 중국어에는 사성四声이라는 특유의 발음 체계가 있어 똑같은 한자라도 이를 어떻게 발음하느냐에 따라 완전히 다른 뜻이 된다고 알려주었다. 사성에 따른 발음이 잘못되면 상대방이 전혀 이해를 못하거나 엉뚱하게 알아들을 수 있다고 겁을 주었다. 우리말 발음에도 자신이 없었던 나로서는 감히 배우겠다는 시도조차 할 수 없었다. 스페인어는 당시 배우는 사람들이 꾸준히 늘고 있다는 말을 어렴풋이 들었으나 너무나 생소했고 관련 정보를 얻기도 어려워 자연스럽게 제외했다.

강력한 후보로 떠올린 것은 역시 독일어였다. 무엇보다도 고등학교 2학년 때부터 2년간 배운 적이 있었고 대학 입학시험에서도 제2외국어로 독일어 시험을 치러 어쩐지 든든했다. 게다가 그 후에도 제2외국어 시험이 필요했던 의학 석박사 입학 및 졸업 자격시험에서 모두 독일어를 선택해 합격한 경험도 있었다. 정관사 변화나 분리 동사의 개념, 그리고 Ich liebe dich(당신을 사랑합니다), Danke schön(정말 감사합니다) 같은 단편적인 표현들도 여전히 기억에 남아 있어 친숙하기도 했다. 결정적으로 발음이 어렵지 않았다.

1997년 독일어권인 오스트리아에 잠시 체류했을 때의 일이다. 현지인들에게 알고 있는 독일어 단어를 총동원해 짤막하게 대화를 시도했을 때 발음이 좋다고 이야기해주는 경우가 여러 차례 있었다. 그렇지 않아도 발음에 콤플렉스를 가지고 있는 사람으로서는 귀를 의심케 하는 칭찬이었으나 내심 드는 흐뭇한 마음은 숨길 수가 없었다. 그러나 독일어권 국가를 여행할 기회도 드물었고 독일어를 해서 생기는 이점 역시 찾기 어려웠다.

결국 남은 것은 일본어였다. 이전부터 일본어 책들을 우연히 접했을 때 적당한 한자 어휘와 몇 개의 일본어 조사를 이해하는 것만으로도 문장을 상당 부분 해독할 수 있다는 것을 발견하고 놀란 적이 있었다. 발음도 무난해 보였다. 그리고 가까운 이웃 나라이기 때문에 마음만 먹으면 쉽게 방문할 수 있는 데다 일본 문화에 관심이 많아 더욱 안성맞춤 같았다.

한동안 고심한 끝에 마침내 새로운 외국어 공부의 대상을 일본어로 결정했다. 당시로는 별다른 생각이 없었다. '더 늦기 전에 영어 이외의 외국어로 일본어라도 익혀두자'는 목표뿐이었다. 2003년, 나이 50세가 되던 해. 나의 외국어 도전 대장정의 첫 출발이 이렇게 시작되었다.

작은 목표로 시작한 몸 공부

몸만들기에 대한 새로운 도전도 일본어 공부에 대한 도전이 결정됐을 무렵 시작되었다. 돌이켜보면 나는 학창 시절부터 여러 가지 운동에 관심이 많았다. 주변에 몸 좋고 힘센 젊은이로 꽤 알려져 있을 정도였다. 그러나 군대 생활과 더불어 해병대 훈련보다 더 혹독하다는 서울대병원 흉부외과 전공의 과정을 거치면서 몸이 눈에 띄게 허물어졌다. 그 후에도 나름대로 다시 몸을 가꾸어보려고 부단히 애를 썼지만 아무래도 경쟁이 치열할 수밖에 없는 30~40대를 보내면서 여러 가지 한계를 절감했다. 게다가 당시 한동안은 달리기에 심취해 그나마 운동에 할애할 수 있는 시간을 거의 뛰는 데만 집중했기 때문에 근력 운동으로 다져진 몸매는 줄곧 머릿속의 희망 사항으로만 그치고 말았다.

그렇게 50세로 넘어가던 어느 날 집에서 샤워를 마치고 거울을 보는데 문득 세월의 흔적이 진하게 드리워진 상반신이 눈에 들어왔다. 순간 '이건 아니다'라는 생각이 강하게 들었다. 일세를 풍미했던 중국의 시선 이백은 그의 명시 〈장진주將進酒〉에서 세월의 빠름과 무상함을 "고귀한 집 밝은 거울 앞에서 백발을 슬퍼하니, 아침의 푸른 머리카락이 저녁에 흰 눈이 되었구나"라고 절묘하게 표현했지만, 나는 머리카락 색깔까지는 그렇다 하더라도 몸매만은 "황하의 강물이 하늘에서 내려와, 바다로 흘러 들어가면 다시 돌아오지 않는다" 같은 지경이 되기 전에 다시 한번 다잡아 그럴듯하게 만들고 싶은 생각이 간절해졌다.

일단 결심이 서자 다른 핑계가 생기기 전에 신속히 실행에 옮기고 싶었다. 되도록 집에서 가까운 헬스클럽을 우선 등록하기로 마음먹고 나서 아파트 단지 내에 적당한 곳이 있다는 것을 알게 되었다. 사설 유료 시설이었지만 그때까지 그 존재도 모르고 있었으니 괜히 머쓱한 느낌마저 들었다.

그렇게 해서 50세에 새롭게 일본어 공부와 함께 몸만들기에 도전하게 되었다. 지금은 도전이라고 표현하지만, 당시에는 몸만들기에 어떤 구체적이고 특별한 목표가 없었다. 그저 과한 욕심 없이 절대 중도에 포기하지 않고 천천히 그리고 꾸준히 몸 관리를 해나가자는 것이 굳이 목표라면 목표였고 개인적인 바람이었다.

돌이켜보니 내 나이 50에 시작된 이런 소박한 출발 의지들을 꾸준히 이어온 지도 어느덧 20년이 되었다. 앞으로도 삶이 계속되는 한 같은 도전을 이어갈 것이고, 누가 그 원동력을 묻는다면 '해내려는 마음은 늙지 않는다'라는 한마디로 압축하고 싶다.

중년의 도전을
가로막는 장애물들

'쉰세대'라는 말이 있다. 이 단어는 '빠르게 변하는 생활 방식에 적응한 신세대와 비교해 뒤처지는 구세대를 '신'이라는 발음과 비슷하지만 뜻은 전혀 다른 음을 이용해 우스꽝스럽게 대조시킨 유행어'를 일컫는다. 약 20년 전에 주로 40~50대를 지칭했다고 하니 요즈음에는 50대를 가리킨다고 보는 것이 맞을 것이다.

50대는 그 누구도 부인할 수 없는 꼰대의 대표 주자이기도 하다. 꼰대의 어원에 관해서는 여러 설이 있지만 박문각 출판사에서 나온 《시사상식사전》의 설명에 따르면 두 가지 주장이 있는데, 첫 번째는 번데기의 영남 사투리인 '꼰데기'에서 시작되었다는 것이다. 즉 번데기처럼 주름이 자글자글한 늙은이라는 의미에서 비롯되었다는 설명이다. 두 번째는 프랑스어로 백작을 뜻하는 'comte'를 일본식으로 부르면서 '꼰대'가 되었다는 주장이다. 일제강점기 당시 이완용 등 친일파들은 백작, 자작과 같은 작위를 부여받고 스스로를 '콩테'라 불렀는데, 사람들이 이를 비웃으며 '꼰대'라 불렀다는 것이다.

첫 번째 주장은 경상도 출신인 나로서도 전혀 와닿지 않는다. 번데기를 가리킨다는 꼰데기란 말 자체가 생소하고 실제로도 그런 식으로 발음하는 사람을 본 적이 없기 때문이다. 두 번째 주장은 일견 그럴듯해 보이지만 그다지 설득력은 없어 보인다. 일본은 근대화 과정에서 많은 외국어의 영향을 받았지만 프랑스어와는 뚜렷한 관계성이 없었고, 더구나 'comte'의 프랑스어 발음은 '꽁트'이기 때문에 꼰대로 바뀌기에는 무리가 있다. 한편 스페인어로 백작을 뜻하는 'conde'야말로 정확하게 '꼰데' 또는 '꼰대'로 발음되지만 그렇다고 해서 과거 일본이 스페인과 특별히 교류한 것도 아니었다.

해답은 바로 정확하게 같은 단어에 같은 발음을 가진 포르투갈어에 있다. 개인적인 추론으로는 포르투갈어로 백작을 가리키는 'conde'가 일본을 거쳐 우리나라에 들어오면서 '권위 있는 인물'로 뜻이 약간 변했다가 결국 오늘날의 의미까지 온 것이 아닌가 추측해본다.

어쨌든 나날이 적응력이 떨어져가는 쉰세대의 선봉장이면서 앞뒤로 꽉 막힌 꼰대의 대표 주자 격인 50대 입장에서는 새로운 도전을 하기란 결코 쉽지 않다. 뒤늦게 남다른 열정을 불태우며 늦깎이 투혼으로 혼신의 힘을 다해도 다음과 같은 장애물들이 발밑의 지뢰처럼 앞길을 가로막기 때문이다.

그제와 다르고 어제와도 다른 체력

앞서 이치로나 언더테이커처럼 80억 분의 1에 해당하는 사람들도 나이에 따른 체력 저하만큼은 피할 수 없다고 언급했다. 흔히 인생에서 아무리 발버둥 쳐도 피할 수 없는 두 가지로 죽음과 세금을 꼽지만 근육 손실 역시 세 번째 자리를 차지해도 할 말이 없을 정도로 자격이 확실하다. 미국에서 시행된 연구에 따르면 사람은 30세가 넘으면 이후 10년 단위로 근육의 약 3~5퍼센트가 자연적으로 손실된다고 한다. 이것은 50세가 넘어가면서부터 더욱 가속이 붙으며 결국 노년기에는 젊었을 때에 비해 30퍼센트까지 근육이 줄어들게 된다. 이로 인해 벌어지는 나쁜 결과는 자명하다. 한 통계에 따르면 노년층에서는 가벼운 낙상에도 심각한 골절로 이어지는 경우가 정상적인 근육량을 가진 사람들에 비해 두세 배나 된다.

비단 골절만이 문제는 아니다. 자세나 걸음걸이에도 점점 활력이 사라지고, 아침에 일어날 때도 몸에 제대로 힘이 들어가지 않는 빈도가 늘어난다. 근육 감소와 비례해 대사량이 줄어드니 식욕도 당연히 감소한다. 기력도 사라진다. 이렇게 젊은 시절 팽팽했던 근육의 긴장감이 세월의 햇살에 눈사람 녹듯이 조금씩 허물어지면 천하에 없는 사람이라도 삶의 자신감과 의욕이 같이 녹아나갈 수밖에 없다.

'건강한 육체에 건강한 정신'이라는 유명한 표어는 고대 로마의 시인 유베날리스의 시에 등장하는 'Mens sana in corpore sano'라는 표현에서 유래했다. 이 경구가 주는 교훈대로 나이가 들면서 몸이 방치된 채 망가지기 시작하면 덩달아 정신도 공허해지기 마련이다. 이 때문에 결국 새로운 도전은 엄두도 못 내게 되고, 몸을 망가뜨리는 악순환에서 벗어나지 못하게 되는 것이다. 돌이켜보면 〈추포가秋浦歌〉에서 거울을 바라보며 "어디서 가을 서리를 얻었는가" 하고 어느새 자란 삼천장三千丈의 긴 백발을 한탄했던 이백 역시, 세월의 흐름이 완연한 육체적 변화에 속수무책인 심정만을 읊을 수밖에 없었을 것이다.

깜빡거리는 가로등 같은 기억력

오래전 한 지인에게서 50대가 된 아내와의 대화 중에 느낀 재미있는 현상을 듣게 되었다. 평소 나름대로 빈틈없는 어휘를 구사하던 사람이 순두부를 '순모부'로, 위스키를 '주스키'로 부르는 등 너무 일상적인 단어를 종종 엉뚱한 낱말로 바꿔 말하기 시작한 것이다. 처음에는 그런 말실수에 민망해하기도 하고 약간은 당황하더니 얼마 전부터는 "여보, 이 나이에 세 글자 중에 두 글자만 제대로 표현하는 것도 대단한 거야. 우리 친구들은 이미 이 정도는 서로 이해하고 오히려 격려도 해주고 있어" 하고 오히려 당당하게 말했다는 것이었다. 그 의연한 태도도 사뭇 흥미로웠지만 듣고 보니 세월의 흐름에 따른 어쩔 수 없는 변화에 물 흐르듯 자연스럽게 순응하며 살아가는 아줌마들의 넉살과 재치에 조용히 감명받았다는 내용이었다.

그러나 기억력 감퇴든 건망증이든 어떤 표현이든 간에 희미해지는 기억력이야말로 나이가 들어 새로운 도전을 하는 데 가장 큰 걸림돌이 되는 세월의 상흔임에는 틀림없다. 이는 특히 암기와 관련된 학습 분야에서 더욱 결정적인 방해물로, 집중력 감퇴와 함께 의욕적인 50대 도전자들의 사기를 일찌감치 꺾는 요인이 되고 있다.

오늘날 실제 나이보다 5년 혹은 10년씩 젊어 보이는 노인들은 너무 흔해졌고 마라톤이나 철인 3종 같은 힘든 경기를 거뜬히 완주하며 젊은이 못지않은 근육미를 자랑하는 고령자들도 드물지 않게 만나게 된다. 그런데 한 가지 흥미로운 것은 이렇게 외적인 측면에서의 노익장 증가와는 달리 어학 공부 등 머리를 쓰는 분야에서는 여전히 그들의 활약이 매우 드물다는 사실이다.

이런 '지적 노인장'의 가뭄 현상에는 여러 가지 해석이 가능하겠지만, 개인적으로는 무엇보다 인간의 유전자적 특성과 연관해 설명하고 싶다. 우리의 몸을 움직이는 데 관여하는 유전자는 인류의 태생부터 원초적으로 내재된 가장 본능적이고 자연스러운 것이지만, 머리를 써서 애써 외우고 공부하는 데 필요한 유전자는 인류의 진화 과정에서 비교적 뒤늦게 합류한 후차적인 것이다. 다시 말해서 공부 유전자는 몸 유전자에 비해 내재화 정도가 약할 수밖에 없다.

이 때문에 나이가 들어가면서 노화 과정이 서서히 진행되면, 해당 영역을 지배하는 인자들이 상대적으로 쉽게 이탈하게 되는 것이다. 이런 현상은 특히 사고력보다는 암기력의 급격한 저하에서 두드러지는데, 문제는 어학 공부에서 이 암기력이 결정적인 역할을 한다는 것이다. 바로 이 점이 오늘날의 많은 '꽃중년'과 '청년 노인'들이 정작 어학 공부에서만큼은 '이렇게 늦은 나이에 공부라니' 하면서 지레 포기하고 마는 중요한 이유가 되고 있다.

오락가락 갈피를 못 잡는 집중력

과거 50대 후반에 '1년에 네 개 외국어 고급 능력시험 합격하기'를 목표로 시험공부를 하고 이윽고 2011년 3월 13일에 첫 관문인 중국어 HSK 6급 시험을 치를 때였다. 수험생 자격으로는 무려 28년 만에 치르는 시험이었으니 꽤 긴장이 되었다. 시험 장소는 경기고등학교였다. 시험을 치르기 전 다른 교실들을 둘러보니 수험생 대부분은 20대로 보였고 30대도 제법 눈에 띄었으나 40대 이상은 아주 드물었고 50대는 거의 없었다.

시험은 휴식 시간 없이 135분 동안 듣기, 읽기, 쓰기를 순서대로 치렀다. 가능한 긴장을 풀고 평정심을 유지한 채 시험에 임하려고 애썼지만, 첫 단계인 듣기 시험에서부터 일이 꼬이기 시작했다. 지금까지 안정된 분위기에서 청취 연습을 할 때와는 달리 교실에서 스피커로 문제가 흘러나오자마자 갑자기 긴장감이 엄습한 것이다. 그런 형식의 청취 시험을 난생처음 경험해보는 것이라 오히려 당연한 반응이었을지도 모른다. 그러다 보니 미처 그 뜻을 제대로 파악하기도 전에 한 부분이 순식간에 지나가고, 그렇게 놓친 부분에 미련을 가지고 머뭇거리다 보면 다음 내용이 촉박하게 이어졌다.

그런데 더 큰 문제는 시간이 흐를수록 집중력이 현저하게 흐트러진다는 것이었다. 청취 내용에 끝까지 집중하지 못하다 보니 문제를 제대로 풀 수도 없는 노릇이었다. 순간 '에이, 될 대로 돼라'라는 자포자기의 심정까지 되면서 비로소 평소에는 제대로 느끼지 못하던 세월의 흐름을 절실히 깨닫게 되었다.

이렇게 듣기 영역 시험을 씁쓸하게 끝냈지만 다행히 독해와 어법 영역은 그런대로 무난히 넘겼다. 그러다 마지막 쓰기 시험에서 또 한 번의 고비가 다가왔다. 시험 형식은 제시된 1,000자가량의 지문을 400자 정도로 요약정리하는 것이었다. 지문의 의미를 파악하는 데는 큰 어려움이 없었다. 정작 문제는 처음부터 나름대로 멋있는 문장으로 시작하려고 하다 보니 글을 쓰고 지우기를 몇 번이나 반복하게 된 것이었다. 설익고 경험이 부족한 야구 투수가 너무 잘하려고 하다가 어깨에 힘만 잔뜩 들어가서 오히려 실투를 하고 마는 것과 비슷한 상황이 발생한 셈이었다. 게다가 장시간 시험에 집중한 탓인지 당시 노안으로 약간 불편하던 눈이 쓰기 시험을 볼 즈음에는 조금씩 침침해지기 시작했다.

초반 듣기 시험에서는 당황해서 정신적으로 집중력이 저하되었다면 쓰기 시험에서는 그야말로 지쳐서 집중력이 저하된 것이다. 이후 부랴부랴 시험지를 메꾸어나가긴 했으나 시험이 종료된 후에는 망연자실한 심정이 되었다. 그렇게 불만족스럽게 시험을 마치고 허탈한 심정으로 씁쓸하게 경기고등학교를 나서면서부터는 '집중력 저하'라는 화두가 머리에서 떠나지 않고 계속 맴돌았다.

여러 연구에 따르면 집중력 저하는 50대부터 본격적으로 시작된다고 알려져 있다. 흔히 나이에 따른 기억력과 사고력의 문제를 알츠하이머병과 같은 기질적인 질환과 연관 짓곤 하지만 그보다는 집중력 저하의 결과로써 학습 과정에 문제가 생기고,

그나마 만들어진 기억마저 제대로 재생시키지 못하는 경우가 더 빈번하다. 이것은 체력과 마찬가지로 생리적 노화의 한 부분인 뇌세포와 수용체의 감소로 생기는 인지력cognitive power 저하가 원인이다.

이유가 무엇이든 간에 집중력 저하는 기억력 저하와 톱니바퀴처럼 맞물리면서 50대의 새로운 지적 도전을 막는 중요한 장애물이 되는 것이다.

동기 부족으로 머뭇거리는 추진력

신중함은 언제나 미덕이다. 대부분의 사람이 성장 과정에서 '덜렁대지 말고 신중해라'라는 말을 수없이 듣지만 그 반대의 말은 듣기 어렵다. 그런데 사람은 아무래도 나이가 들수록 앞뒤를 더 많이 재고, 더 신중해지기 마련이다. 신중함이란 결국 많은 경험과 시행착오의 결과물로 만들어지는 것이기 때문이다. '중요한 일은 결정을 내리기 전에 적어도 세 번은 생각해보라'라는 일반적인 교훈도 이런 맥락에서 나온 것이다.

그러나 매사가 그렇듯 신중함이 반드시 절대 선은 아니다. 자칫 잘못하면 우유부단한 성향으로 어떤 일을 펼치지도 못한 채 지레 포기하게 만들기 때문이다. 그렇다고 해도 만일 진학이나 취업 또는 결혼과 같은 인생 대사가 걸린 문제라면 없는 추진력이라도 짜내어 어떻게 해서든 진행해나갈 확률이 높다. 그러나 만일 그 반대로 절실한 동기가 부족한 경우라면 어떨까?

50대에 접어들어 공허해진 마음을 추스르고 앞으로의 인생에 대비해 슬기로운 삶을 준비한다는 목표는 아름답고 멋있지만 그 동기가 은퇴 후의 경제적인 준비만큼 간절한 것은 아니다. 굳이 아등바등하지 않아도 기본적인 삶의 틀에는 큰 영향을 미치지 않는다는 뜻이다. 그러다 보니 웬만한 각오로 나서지 않으면 운동이나 어학 공부 등 취미생활에 추진력이 붙기 어렵다. 당장 시작하기도 쉽지 않을 뿐 아니라 시작을 이어갈 동력도 부족하다. 그렇게 어중간하게 시작하고 설렁설렁 진행하다 보면 결국 별다른 발전도 없이 도전을 포기하면서 한때 애를 썼다는 추억만 아련하게 남게 된다.

'이 나이에 외국어 공부라니', '지금 배워서 어느 세월에 써먹으려고', '운동이 좋다는 것은 알겠는데 이 나이에 새삼 시작하기에는' 등 추진력 부족에서 나오는 이 모든 논리가 50대의 도전정신을 막아서는 장애물이 되면서 결국 정신적 노쇠를 더욱 부추기게 된다. 불가능을 거부했던 혈기 왕성한 젊은 시절은 어디로 가고 오히려 가능성에 회의가 앞서는 초라하고 위축된 50대가 거울 앞에 그 모습을 드러내고 있는 것이다.

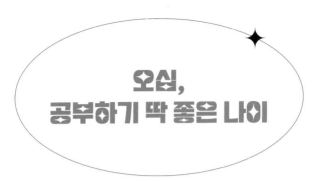

오십,
공부하기 딱 좋은 나이

바로 앞에서 50대로 접어들면서 새로운 도전을 가로막는 여러 가지 장애물을 살펴보았다. 현실적으로 차분히 따져보면 부정하기 어려운 논리일 것이다. '백세인생'이라는 슬로건을 드높게 외치고 있는 오늘날에도 50대는 어떤 일에 새롭게 도전해서 성과를 이루기에는 객관적으로 결코 만만한 나이가 아니다. 그렇다고 해서 흘러가는 세월에 몸을 전적으로 맡기고 무위자연無爲自然의 태도로만 일관할 수는 없다.

2012년, 가수 오승근은 〈내 나이가 어때서〉라는 노래를 불러 선풍적인 인기를 얻었다. 특히 '사랑하기 딱 좋은 나이'를 외치는 후렴구는 흥겨운 멜로디와 함께 많은 쉰세대에게 공감과 동지

의식을 불러일으키며 그야말로 누구나 아는 국민 가사가 되었다. 노래 가사에서는 나이를 구체적으로 명시하지 않았지만 아무래도 5060 이상이 적격이 아닐까 싶다.

그러나 이 가사대로 중년 이상의 나이를 사랑하기 딱 좋은 때라고 곧이곧대로 믿는 사람은 아마 없을 것이다. 다만 비록 나이는 들었지만 여전히 의욕이 가득해 세상사를 진취적으로 바라볼 수 있다는 자신감에서 나오는 절묘한 표현인 것만은 인정하지 않을 수 없다. 사랑은 반드시 피 끓는 청춘의 전유물이 아니며 특히 요즈음 같은 노익장의 시대에는 더욱 나이에 상관없이 그런 감정에 빠질 수도 있다는 것을 감칠맛 나게 표현하고 있는 것이 아니겠는가!

그러면 여기서 논리를 조금 더 연장해보자. 노래의 주장대로 5060이 과연 사랑하기 딱 좋은 나이라면 마찬가지로 공부하기 딱 좋은 나이는 될 수 없을까? 아마 공부라고 하면 대부분은 과거 학창 시절의 어두웠던(?) 기억들을 먼저 떠올리며 지레 손사래를 칠지 모른다. 진학이나 취업을 일차 목표로 삼아 반강제 혹은 의무로 이루어질 수밖에 없었던 학교 공부는 치열한 경쟁과 스트레스의 강도만큼이나 갖가지 고통스럽고 쓰라린 추억을 남겼기 때문이다.

공부는 사전적 의미로 '학문이나 기술을 배우고 익히는 것'을 의미한다. 한자로는 '工夫'라고 쓰며 중국 고대 시기에 불교의 한

종파인 선종에서 만들어져 세상에 퍼진 용어라고 한다. 흥미롭게도 오늘날 같은 한자 문화권인 한국과 중국, 일본에서 공부를 가리키는 말에는 뚜렷한 차이가 있다.

먼저 한자 종주국인 중국에서는 공부라는 의미로 '학습学习'이라는 단어를 사용한다. 우리말의 공부와 같은 단어도 사전에는 등재되어 있지만 일상생활에서는 거의 사용하지 않고 뜻도 다르다. 한자가 조금 다른 '공부功夫'라는 단어는 발음은 같지만 실은 중국 전통 무술인 쿵푸를 가리킨다. 일본어에서도 공부 대신 '벤쿄勉强'라는 말을 사용한다. 공부와 같은 한자를 사용하는 '쿠후'라는 말은 '여러 가지로 궁리함, 고안함'이라는 다른 뜻을 가리킨다.

나라마다 어떻게 부르든 간에 공부라는 것은 본질적으로 즐거운 것이다. 이는 중국어의 학습이《논어》의 "배우고 때때로 그것을 익히면 기쁘지 아니한가(학이시습지 불역열호)"에 그 어원을 두고 있다는 데에도 단적으로 잘 드러나 있다. 미국 독립의 주역 벤저민 프랭클린은 "지식에 투자하는 것이 최고의 수익을 낸다"라고 공부의 가치를 극찬했고 르네상스 시대의 슈퍼스타 레오나르도 다빈치도 "배움은 결코 사람의 마음을 지치게 하지 않는다"라고 말하며 공부의 즐거움을 설파했다.

이렇게 큰 가치와 함께 당연히 즐거워야 할 공부가 싫은 이유는 무엇일까? 전문가에 따라 답변은 달라지겠지만 나는 본질적인 이유가 스트레스에 있다고 본다. 우리가 학창 시절에 겪었고 사회생활에서 경험하는 많은 공부가 결국은 시험과 연결되기 때문이다. 시험은 속성상 엄정한 평가와 당락이라는 결과가 수반될 수밖에 없다. 이 결과는 진학과 취업에서 차가운 칼날이 되어 돌아온다. 결국 공부는 배우는 즐거움보다는 스트레스로 가득 찬 악몽이 되는 것이다.

그러면 50대에서의 공부는 과연 어떨까? 특별한 몇몇 경우를 제외하면 대체로 시험 스트레스에서 벗어난 공부를 할 수 있다. 여기서 한번 돌이켜 생각해보자. 지금까지 삶에서 공부를 위한 공부를 해본 기억이 얼마나 있었는지를. 그리고 그 과정에서 공부의 희열을 느껴본 적이 과연 몇 차례나 있었는지를. 설사 50대의 늦깎이 공부가 시험과 연관되어 있다고 하더라도 학창 시절이나 사회 초년병 시절에서의 절박한 스트레스와는 차원이 다를 수밖에 없다. 시험에서 당장 소기의 성과를 얻지 못했다고 해서 조급할 이유가 전혀 없기 때문이다. 자, 벌써 이 정도만 해도 가히 50대가 공부하기 딱 좋은 나이라고 할 만하지 않겠는가. 그러면 지금부터 조금 더 구체적으로 그 논리적 근거를 찾아보기로 하자.

동기의 질적인 차원이 다르다

부인과 함께 심리상담가로 활약했던 독일의 롤프 메르클레는 《감정 사용 설명서》, 《당신은 생각보다 믿을 만하다》, 《나는 왜 나를 사랑하지 못할까》 등의 번역서로 한국에서도 유명하다. 특히 "천재는 노력하는 사람을 이길 수 없고 노력하는 사람은 즐기는 사람을 이길 수 없다"라는 말을 한 이로도 잘 알려져 있는데 흥미롭게도 그가 이런 말을 했다는 근거를 찾기는 어렵다.

이런 식의 비슷한 표현은 역사적으로 여러 차례 관찰된다. 아마 그 원조는 2,500년 전 중국의 철학가 공자일 것이다. 그의 어록을 집대성한 고전 《논어》의 〈옹야편雍也篇〉에는 "아는 자는 좋아하는 자만 못하고 좋아하는 자는 즐기는 자만 못하다"라는 표현이 등장한다.

출처야 어쨌든 중요한 것은 이 명언이 담고 있는 내용이다. "천재는 1퍼센트의 영감과 99퍼센트의 노력으로 만들어진다"라고 영감의 가치와 노력의 중요성을 지적한 발명가 에디슨의 말처럼 인생에서 그 어떤 경우에도 노력만큼 중요한 덕목은 찾아보기 힘들 것이다. 노력하는 천재야말로 컴퓨터 달린 불도저나 다름 없기 때문이다. 그런데 그런 노력가마저 즐기는 사람에게는 당할 수 없다니?

공부라고 하면 자동으로 고통스러운 노력의 과정이 연상된다.

진학, 취업, 승진 등 절박한 상황에서는 설렁설렁 즐기듯이 공부해선 안 된다는 것을 모두가 경험상 잘 알고 있다. 그만큼 공부 앞에서는 고통과 스트레스라는 선입관의 장막이 드리워지면서 몸과 마음이 잔뜩 움츠러들기 마련이다.

그런데 50대에서의 공부는 과연 어떤 모습일까? 일단 진학, 취업, 승진 같은 것들과 공부가 연관될 가능성은 희박해진다. 물론 인생 제2막을 연다는 의미에서 새로운 자격증 공부 등에 뛰어들 수는 있겠지만, 현실적으로는 오히려 그간의 경력이 더 큰 영향을 미칠 것이다. 결국 어떤 의미에서든 50대의 공부는 그 출발 동기에서부터 절박한 노력과는 거리가 먼, 그야말로 즐기는 차원에서의 공부가 될 확률이 높다. 흔히들 '피할 수 없으면 즐겨라'라고 하지만 피할 수 있는데도 도전하면서 즐기는 것은 그 가치가 비교할 수 없을 정도로 크다.

결론적으로 공허감을 메꾸는 지적 양식으로써의 공부, 알찬 미래에 대비한 마음의 보험과도 같은 공부가 젊은 세대들은 감히 흉내 낼 수 없는 '공부하기 딱 좋은 나이' 50대의 장점이 아니겠는가!

목표 달성과 진도에 조급할 필요가 없다

우공이산愚公移山은 중국 춘추전국시대의 인물인 열자가 쓴 철학

서인《열자列子》의 〈탕문편湯問編〉에 나오는 고사성어 중 하나로 그 내용은 다음과 같다.

옛날 중국의 북산이라는 곳에 우공이라는 90세 가까운 노인이 살고 있었다. 노인의 집 주위로는 태항산과 왕옥산이라는 커다란 산들이 가로막고 있어 주변으로의 왕래가 매우 불편했다. 그러던 어느 날 노인이 가족을 모아놓고 이렇게 말했다.

"산 때문에 마음대로 이동할 수 없어 불편하기 그지없다. 지금부터 힘을 합쳐 산을 옮겼으면 한다."

처음에는 아내가 반대했지만 노인이 뜻을 굽히지 않고 자식들까지 찬성하자 결국 다음 날부터 작업을 시작했다. 이 모습을 본 이웃 사람들이 우공과 그의 가족을 비웃었다. 하루는 우공의 절친한 친구가 걱정이 되어 "이보게, 이제 살날도 얼마 남지 않은 사람이 어찌 이런 무모한 짓을 하는가?"라고 참견했다. 그 말을 들은 우공은 "내가 죽으면 아들이, 아들이 죽으면 손자가, 손자가 죽으면 그 자식이 자식을 낳아 대대손손 이 일을 계속할 것이네. 그동안 산은 깎여나가겠지만 더 높아지지는 않을 테니 언젠가는 길이 날 것이야"라고 대답했다.

이 말을 엿들은 태항산과 왕옥산의 산신령은 혼비백산하여 옥황상제에게 달려가 제발 자신이 살고 있는 산을 구해달라고 호소했다. 사태의 심각성과 우공의 끈기를 알아챈 옥황상제는 즉시 두 거인 아들에게 명령해 산을 안전한 다른 곳으로 옮기도록 했다. 이렇게 해서 불가능해 보였던 두 산의 문제가 해결되며 우공도 소원을 성취했다.

이 이야기는 그 후 '조급해하지 않고 꾸준히 노력하면 세상에 이루지 못할 일이 없다'라는 교훈으로 쓰이게 되었다. 그런데 일견 전설처럼 보이는 이 이야기가 현대사회에서도 벌어진 적이 있다. 다슈라트 만지라는 사람의 일화다.

다슈라트 만지는 인도 비하르주의 작은 마을에 살던 노동자였다. 1959년 어느 날, 그의 아내가 산에서 일하는 그에게 물과 음식을 가져다주려다 넘어져 큰 부상을 입고 결국 사망에 이르는 일이 발생했다. 만지는 이 비극이 마을 앞을 가로막고 있는 바위산 때문에 아내가 제때 병원에 가지 못해 생긴 결과라고 생각해 누군가 또다시 자신과 같은 아픔을 겪지 않게 하려고 혼자서라도 길을 내기로 결심한다. 많은 사람이 비웃었지만, 한편으로는 음식과 새 연장을 사다 주며 격려하는 사람들도 적지 않았다. 어쨌든 그는 무려 22년 동안 오로지 망치와 끌만으로 길이 110미터, 넓이 9.1미터, 깊이 7.7미터의 길을 내는 데 성공했다. 이 길 덕분에 55킬로미터를 돌아가야 했던 길이 15킬로미터로 단축되었다. 주 정부는 만지에게 포상하려 했으나 그는 오히려 그 돈으로 길을 포장해달라고 요청했고 주 정부에서도 그 뜻을 받아들였다고 한다. 2007년 그가 세상을 떠났을 때 비하르주 정부에서는 사회장을 주관했고 2015년에는 그의 이야기가 〈마운틴맨〉이란 제목으로 영화화되었다. 2017년에는 그를 기리는 우표도 발행되었다.

나이가 들면서 사람들은 '이 나이에 새삼스럽게 무슨'이라는 표현을 자주 쓴다. 또 '내가 10년만 젊었어도'라는 말도 입버릇처럼 한다. 그런데 어떤 일을 할 때 늦었다는 기준은 무엇이며 과연 그러한 산술적 기준이 있을까? 한편으로는 '늦었다고 생각할 때가 가장 빠르다'라는 격언도 있다. 어쩌면 이 말만큼 앞의 질문에 대한 적절한 답변은 없을 것이다. 오늘날 '액티브 시니어'라고 불리며 각종 분야에서 노익장을 과시하는 사람들이 얼마나 많은가!

보통 진학과 취업을 위한 의무적인 학습 기간이 지난 다음, 사회적 생존과 당장 관계가 없는 공부를 시작할 때는 상당한 결심이 필요하다. 더구나 나이가 들어가면서 체력과 정신력이 조금씩 쇠퇴해가는 것을 느낄수록 '지금 이것을 배워서 어느 세월에'라는 회의적인 생각이 점점 더 강하게 들기 마련이다.

그러나 여기서 한번 발상의 전환, 즉 역발상을 해보자. 사람이 나이가 들수록 세월의 흐름을 빠르게 느낀다는 것은 잘 알려진 사실이다. 일주일이 마치 하루처럼 한 달은 일주일처럼 짧게 느쪄지는 것이다. 이런 현상은 나이가 들수록 뇌의 노화로 기억력이 감퇴하면서 지난 기억이 희미해져 경과한 시간을 상대적으로 짧게 여기기 때문인 것으로 해석한다. 그러나 여기에서 과학적 설명은 중요하지 않다. 나이가 들면서 세월이 빨리 가는 것 같다면 공부에 대한 성과와 결실을 기다리는 것도 그만큼 잘 참고 견딜 수 있다는 긍정적인 인식의 전환이 중요하다.

이를테면 어떤 외국어를 적어도 5년은 배워야 수준 있는 대화가 가능하다는 이야기를 들었다고 해보자. 젊은 시절에는 5년이란 세월이 까마득한 먼 훗날 같아 미리 지칠지도 모르지만, 세월의 빠른 속도를 절감하는 나이 든 사람들은 그 5년이 어느 날 눈 뜨고 일어나면 지나갈 세월이라는 것을 잘 알고 있다. 이 때문에 50대의 입장에서는 마음먹기에 따라서 오히려 그 기간을 힘들어하지 않고 꾸준히 공부를 이어나가는 정신적 지지대로 삼을 수도 있는 것이다.

그리고 젊은 시절에는 진학, 취업 등의 단기 목표가 있어서 어쩔 수 없이 빠른 성과를 얻는 데 급급해 조급한 심정으로 공부하게 된다. 물론 이러한 간절함이 공부에 미치는 긍정적 효과도 적지 않겠지만 장기간 끈질긴 노력이 필요한 평생 공부에서는 오히려 부정적으로 작용할 수도 있다. 이런 측면에서 보면 50대가 되어 자기계발을 위해 공부할 때, 세월의 시간은 젊은이들의 것이 아니라 오히려 중년층의 편이 될 수 있다. 그렇게 빨리 지나가는 시간이라면 10년 후인들 결코 먼 세월이 아닐 것이기 때문이다. 그리고 그사이 남부끄럽지 않게 노력만 한다면, 설사 10년 후에 오늘날 계획한 성과를 이루지 못했다 하더라도 그로부터 또다시 10년을 투자하지 못할 이유가 어디 있겠는가? '시간은 오히려 나의 편'이기 때문이다.

중국어 공부를 막 시작했을 무렵 학원 벽에 붙어 있는 인상 깊은 표어를 보았다. '느린 것을 두려워하지 말고 가만히 서 있는 것을 두려워하라.' 이 말대로 50대에서는 목표 달성과 진도에 조급할 필요 없이 천천히 그리고 묵묵하게 제 길을 가면 그만인 것이다.

무릇 배움에는 왕도가 없듯이 때도 없을 것이며, 오히려 배움으로 화살처럼 빠르게 지나가는 세월을 낚는 묘미를 맛볼 수 있을 것이다. 결국 오늘이 내 인생에서 가장 젊은 날이 아니겠는가?

경험이라는 엄청난 자산을 가지고 있다

이제는 하늘의 별이 된 전설의 복서 무하마드 알리는 현역 시절 '떠벌이'라는 별명으로도 유명했다. 그가 제2의 전성기인 1974년, 런던에서 기자회견을 가졌을 때의 일이다. 그는 무려 40분 동안 쉬지 않고 이야기를 이어나갔고, 주최자가 목소리를 잃을까 걱정하자 카메라 앞에서 "나는 밤새 이야기할 수 있다"라고 큰소리를 쳤다. 그러고는 마침내 인생철학을 묻는 기자의 답변에 다음과 같이 대답하면서 이야기를 끝냈다. "나이 50세가 되어 20세 때와 똑같이 세상을 본다면 그는 인생의 30년을 낭비한 것이다." 그는 그 후에도 기회가 될 때마다 이 말을 여러 차례 반복했다고 한다.

이 말을 처음 남겼을 때 알리의 나이가 32세였으므로 경험의 중요성을 피력하기에는 다소 이른 감이 있지만, 어쨌든 경험의 중요성과 함께 이를 어떻게 활용하는가가 인생의 관건임을 강조했다는 점에서 충분히 되새길 만한 가치가 있는 명언이다. 그의 말대로 50세의 나이에서 보는 세상은 20세 때와는 확연히 다를 수밖에 없다. 어떤 공부를 마주했을 때 막연한 두려움과 스트레스가 엄습할 수밖에 없는 20대에 비해 50대에서는 그간의 경험이 한결 의연한 자세로 공부를 시작하고 이어갈 수 있는 밑바탕이 된다. 다만 "경험은 배울 줄 아는 사람만 가르친다", "경험은 당신에게 일어나는 일이 아니라 일어나는 일에 대해 당신이 하는 행동이다"라는 영국 출신의 작가 올더스 헉슬리의 말처럼 나이가 주는 경험을 제대로 살리고 못 살리고는 각자의 몫일 것이다.

여기서 또 다른 영국 출신의 수필가 겸 시인이자 정치가인 조지프 애디슨의 명언도 함께 살펴보자. 그가 남긴 말 중에는 "인생에서 성공하려거든 끈기를 죽마고우로, 경험을 현명한 조언자로, 신중을 형님으로, 희망을 수호신으로 삼아라"라는 것이 있다.

내용이 가르치는 그대로 조금의 그르침도 없는 명언이 아닌가! 이 중에서 끈기, 희망 등은 나이와 상관없이 가질 수 있는 덕목이지만 신중함과 더불어 경험이라는 자산은 50대가 '전가傳家의 보도寶刀'로 휘두를 수 있는 최고의 인생 무기가 될 것이다.

무엇을 공부하고
어떻게 도전해야 할까?

어떤 사람이 50대가 되어 현실적인 장애물에도 불구하고 '공부하기 딱 좋은 나이'라는 심리적 방어막으로 단단히 무장한 채 새로운 도전에 나서기로 했다고 가정하자. 그렇다면 그다음 고민은 '과연 무엇을 어떻게 도전하고 공부할 것인가?'가 될 것이다.

생각해보면 세상에는 말만 앞서는 사람들이 상상 이상으로 많다. 자신은 잘못된 언행을 하면서 상대에게는 올바른 행동을 강요하는 '옆으로 가는 어미 게'의 일화나 "나는 바담 풍해도 너는 바람 풍해라"라는 이야기가 공연히 나온 것이 아니다. 50대의 공부에서도 마찬가지다. 적지 않은 사람이 나무랄 데 없는 훌륭한 조언들과 현란한 내용의 가르침을 줄 수도 있겠지만 가장 중요한 것은 실천이고 모범이다.

우리나라의 전설적인 무도인 최영의는 일본을 무대로 활약하면서 실전 가라테의 상징인 극진가라테를 창설했다. 그의 생애는 〈바람의 파이터〉라는 영화로 만들어질 만큼 일반인이 감히 근접하기 어려울 정도로 혹독한 자기 수련의 과정이었고, 그 결과 단순히 무술의 고수라는 자리를 뛰어넘어 지금까지 많은 사람의 존경을 받고 있다.

최영의는 한국에서 출생해 청년기까지 한국에서 살았지만, 1939년 16세의 나이에 홀로 일본으로 건너가 그 후 줄곧 일본에서 활동했다. 국내에서는 그의 일본명 오오야마 마스다츠에 사용한 배달이라는 한자 때문에 '최배달'로도 잘 알려져 있다. 그의 어록 중에는 극진의 이념이 강하게 담긴 명언이 하나 있다. 이 글에서 최영의는 자신이 만든 극진가라테의 핵심은 실전에 있다는 것을 강조한 뒤 다음과 같이 말했다.

실전이 없으면 증명이 없고
증명이 없으면 신용이 없고
신용이 없으면 존경이 없다.

최영의 총재의 이 말은 실전에서 수련을 쌓아야만 제대로 존경받는 무도인이 될 수 있다는 극진가라테 제자들을 위한 귀중한 금언이나, 이 말만큼 공부에서 실전과 증명의 중요성을 강조하는 표현도 찾아보기 어렵다. 나는 나이 50이 되는 시점에 몸만들기와 외국어 공부라는 두 마리 토끼를 동시에 쫓아 성과를 거둔 사람이다. 이제 50대를 처음 경험하거나 열심히 지나가고 있는 인생의 후배들에게 실전 면에서 감히 한마디 조언을 거들 수 있는 최소한의 자격은 갖추었다는 뜻이다.

'몸도 튼튼, 마음도 튼튼'이라는 우리에게 너무나도 익숙한 표어가 있다. 2022년까지 51회를 치른 전국소년체육대회의 제1회 대회 표어이자 지금은 고정 표어로 사용하고 있는 '몸도 튼튼, 마음도 튼튼, 나라도 튼튼'에서 비롯된 말이다. 50대의 공부 도전에서 이것만큼 간결하면서도 모든 것을 함축하고 있는 표현은 찾아보기 힘들 것이다. 우리 선조들은 육체 활동이 기품 있는 선비가 할 짓이 아니라고 생각해 천대했다. 구한말 조선에 들어온 서양 선교사들이 주말에 여가 활동으로 테니스를 치는 것을 보고 조선 양반들이 "쯧쯧, 땡볕에 땀을 흘리면서 저런 힘든 짓을 왜 직접 하고 있는지. 상놈들에게 시키면 될 것을" 하고 혀를 찼다는 우스갯소리도 있다.

멀리까지 갈 필요도 없다. 불과 수십 년 전만 해도 50대 이상의 시니어들은 건강을 위해 적극적으로 운동에 나서는 일이 거의 없었다. 간혹 건강을 목적으로 사람들의 눈을 피해 새벽녘에 거리를 뛰는 사람들이 있었지만 이를 목격한 사람들은 비아냥거리기 일쑤였다. 그러다가 1979년 6월, 미국의 지미 카터 대통령이 방한했을 때, 반바지 차림으로 미군과 조깅하는 모습이 신문에 대서특필되면서 달리기에 대한 관심이 잠시 반짝했다. 그러나 이를 받아들일 사회적 인식은 여전히 부재해서 대부분의 사람은 조깅을 서양 대통령의 독특한 취미로 치부하며 새로운 용어를 익힌 데서 그치고 건강 달리기라는 개념은 자신과는 먼 세상의 일로 생각했다.

1980년대 후반에 이르러서야 서서히 사회 분위기가 바뀌어 갔다. 88서울올림픽을 계기로 그동안 축적된 경제 성장의 힘을 대외에 널리 과시하게 되었고, 곧이어 시작된 해외여행 자유화 덕분에 우리나라는 본격적으로 국제화 시대에 접어들었다. 전래 없던 경제적인 힘과 함께 국제적인 안목까지 갖추면서 국민의 관심이 단순한 생존이나 생계 문제를 떠나 질적으로 '보다 가치 있는 삶, 보다 건강한 삶'에 눈을 돌리게 된 것은 어쩌면 당연한 일이었다. 이런 흐름에서 달리기 등 건강 운동에 대한 인식도 크게 달라졌다.

내가 1989년에서 1990년에 걸쳐 1년 동안 미국 연수를 다녀온 다음 달리기를 시작하자 주변 사람들의 달리기에 대한 관심이 예전과는 사뭇 다른 게 쉽게 느껴졌다. 건강 달리기 인구도 숫자상으로 가파른 상승곡선을 그리기 시작했다. 1993년에는 미국 대통령 빌 클린턴이 방한해 7월 11일 오전 청와대 녹지원에서 김영삼 전 대통령과 함께 15분간 조깅하면서 큰 화제를 불러일으키기도 했다. 이미 건강 달리기에 대한 인식이 생기기 시작한 일반 국민도 과거 카터 대통령 때와는 달리 이를 마냥 신기하게만 생각하지는 않았다.

이런 사회 분위기를 반영하듯 1994년 동아마라톤대회에서는 국내 처음으로 일반인들 대상의 마스터스 부문을 도입했다. 당시만 해도 풀코스는 일반인에게 무리라고 생각해 하프 마라톤 코스만을 채택했는데, 지금에 와서는 격세지감을 느끼게 된다. 첫 마스터스 대회 참가자는 총 174명으로 성공적이었고 이에 고무된 주최 측은 바로 이듬해인 1995년 마스터스 부문에 풀코스를 추가로 도입했다. 이때는 모두 162명이 참가했다. 이후 국내의 다른 유명 마라톤 대회에서도 순차적으로 마스터스 대회를 도입했고, 이어서 지방 자치단체들을 중심으로 아예 마스터스 대회만을 목적으로 한 대회가 경쟁적으로 생기면서 달리기 붐은 더욱 가속화되었다.

근력운동도 마찬가지였다. 비록 달리기에 비해 대중의 인식은 조금 나았지만 1970~1980년대만 하더라도 지금 같은 헬스클럽은 드물었다. 역기나 아령 같은 기구를 이용한 운동은 학교 체육관이나 일부 전문 시설에서나 가능했다. 특히 여자들 가운데 근력운동을 하는 사람은 거의 찾아보기 어려웠고 남자들도 50대에 무거운 중량을 들고 내리는 것은 위험한 일이라며 삼가던 시절이었다. 그러다가 앞선 건강 달리기의 예처럼 경제 성장과 더불어 건강에 대한 의식이 고취되면서 헬스클럽을 중심으로 한 근력운동 붐이 요원의 불길처럼 번지기 시작했다. 50대 이상의 시니어 몸짱들이 앞서거니 뒤서거니 등장한 것도 바로 이 무렵이었다.

그러나 이런 건강 달리기와 몸만들기 열풍에도 불구하고 사전에 몸과 운동에 대한 공부가 부족해 운동의 성과를 제대로 보지 못하는 경우를 자주 접하게 된다. 50대라는 적지 않은 나이에 애써 시간과 용기를 내 운동을 하고 있는데 정작 바라는 효과를 얻지 못한다면 그것만큼 안타까운 일도 없을 것이다. 그런 의미에서라도 건강 운동을 평생의 반려로 삼고 제대로 해나가려면 반드시 적절한 공부가 필요하다.

이번에는 지적인 영역으로 눈을 돌려보자. 50대부터 시작할 만한 지적 취미 활동 가운데 당장 혹은 훗날 오래도록 보람을 느낄 수 있는 것은 많다. 바둑이나 장기 같은 전통적 보드게임은 물론 서예, 사진, 음악, 미술과 같은 예술 분야도 지적 영역으로 볼 수 있다. 그러나 개인적으로는 50세가 넘은 나이에 평생을 함께 할 수 있는 최고의 지적 공부는 단연 어학이라고 생각한다.

어학 공부는 무엇보다 끝이 없기에 어떤 나이에 시작하더라도 평생 흥미진진하게 배워나갈 수 있다. 게다가 어학 공부로 부수적으로 얻게 되는 해당 국가의 문화, 정치, 경제 등의 지식은 삶의 질을 풍족하게 하는 데 크게 기여한다. 그리고 나이가 들면서 많은 사람이 걱정해 마지않는 치매의 예방에도 어떤 방식으로든 도움이 될 것이다.

그러나 어학 공부가 주는 이런 탁월한 장점들에도 불구하고 50대 이상의 시니어들이 어학 공부에 과감하게 도전하지 못하는 이유는 자명하다. 한마디로 쉽지 않기 때문이다. 시간과 노력을 웬만큼 쏟아도 만족할 정도로 성과를 내기가 어렵다는 뜻이다. 끝이 없는 공부는 평생의 도전 정신을 일깨워주는 역할도 하지만 한편으로는 사람을 지치게도 만든다. 옛날 같지 않은 기억력에 눈에 보이는 진전은 더디기만 하니 포기하고 싶은 마음만 굴뚝같아진다.

바로 이때, 제대로 된 공부 방법을 스스로 터득하고 어려운 가운데서 보람을 얻고 삶의 가치를 발견하려는 자세가 중요하다. 가장 효과적인 방법 가운데 하나는 이미 그 길을 앞서간 인생 선배들의 경험담을 바탕으로 자신만의 새로운 성공담을 만들어나가는 것이다.

이렇게 인생 후반에 몸 공부와 어학 공부에서 가치를 찾으마 결심했다고 하자. 그렇지만 순간의 결심만으로는 오랜 시간의 공부 과정을 이끌 동력이 되기에 턱없이 부족하다. 바로 이때 공부를 지속하게끔 정신을 다잡아주는 마음 공부가 필요하다. 마음 공부로 몸 공부와 어학 공부에 대한 추진력과 끈기를 얻고 또 그렇게 해서 얻은 결과물로 다시 한번 마음의 공부를 하면서 전체적인 과정을 다져나가면 그 이상의 금상첨화가 없을 것이다.

누구에게나 인생은 한 번밖에 주어지지 않는다. 욜로를 외치면서 찰나의 즐거움에만 치중하기보다는 하나밖에 없는 인생의 후반을 시시하게 보내지 않겠다는 각오를 다지는 것이 무엇보다도 중요하다. 결론적으로 50대라는 결코 시시하지 않은 나이에 '몸 공부', '외국어 공부', '마음 공부'의 3종 세트에 한번 도전해보기를 강력하게 권한다. 그러다 보면 50대 인생의 앞길에 어느 순간 파릇파릇한 회춘의 새 길이 열릴 것이다.

그러면 지금부터 이 세 가지 도전 과제에 대해 각각 구체적으로 알아보는 시간을 갖도록 하자.

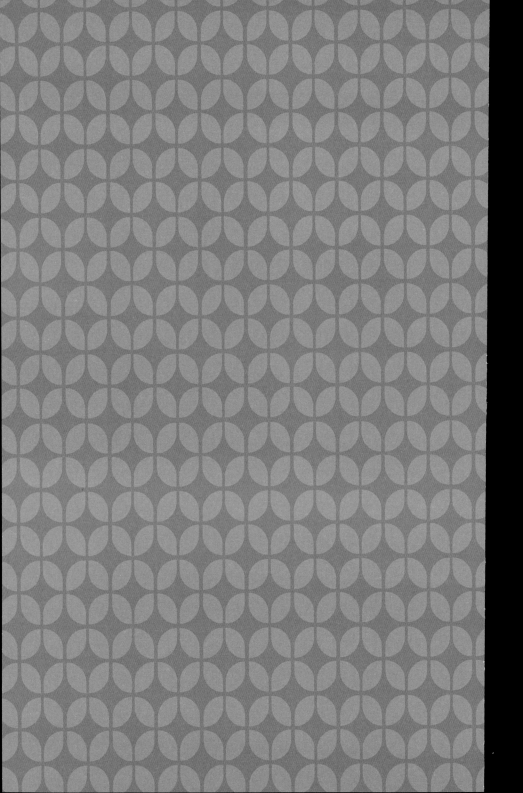

2장

굳은 뇌가 다시 살아나는
외국어 공부

일반적으로 어린 나이일수록 공부에 유리한 조건임을 부인할 수는 없으나 50대라고 해서 반드시 불리한 점만 있는 것은 아니다. 눈앞에 보이는 당장의 결과에 연연해하지 말고 오랜 인생 경험을 바탕으로 '꾸준히만 해나가면 언젠가는 이루어진다'라는 정신 자세를 마음에 새기면 반드시 원하는 성과를 이룰 수 있다.

우연이 필연이 된
나의 외국어 공부 이야기

50세가 되던 2003년, 앞서 언급한 것처럼 새로운 제2외국어로 일본어 배우기에 도전했다. 그해 봄, '이제 우리 나이로 50세가 되었는데 더 늦기 전에 외국어를 하나 더 배워두면 보람이 있지 않을까?'라는 생각이 마치 봄날의 나비같이 마음 한 곳에 살포시 내려앉았던 것이다.

목표는 딱 그 정도였다. 또 다른 외국어 공부는 그 어떤 계획에도 포함되어 있지 않았다. 그런데 2년 후인 2005년 일본어가 어느 정도 익숙해지자, 중국어까지 공부해 한, 중, 일 3국의 언어를 같이 비교할 수 있었으면 하는 바람이 생겼고 실행에 옮기게 되었다. 그 이후에도 이미 던져진 운명의 주사위는 관성의 힘으로 두 번 더 굴러갔다. 2006년에는 발음만 배우겠다는 목표로 프랑스어 공부에 뛰어들었고, 그 이듬해인 2007년에는 발음이 쉽다는 이유로 마침내 스페인어까지 추가했다.

냉정하게 이야기하자면 어학 공부는 누구나 얼마든지 시작할 수 있다. 시작한 것으로 따지면 20~30개 외국어인들 이력에 추가하지 못할 이유가 있겠는가? 문제는 배운 것을 어떻게 유지하느냐 하는 것이었다. 사서 고생도 그런 고생이 없었다. 현실적인 이익도, 특별한 장래 계획이 있는 것도 아닌 상황에서 매일 일정 시간을 외국어 공부에 할애해야 하니 그야말로 아름다운 꽃길을 놓아두고 스스로 가시밭길을 선택해 걷는 것과 다름 없었다.

공부에 자극을 주기 위해 '학습 동기 유발 테크닉'도 써보았다. 1년 내 3개월 간격으로 각각 중국어, 일본어, 프랑스어, 스페인어 고급 능력시험에 도전해 모두 합격하겠다는 계획을 세운 것이었다. 여기에는 약간의 내력이 있다.

2003년 50세가 되었을 때 일본어부터 시작한 네 개의 제2외국어 도전 경험을 정리해 2010년 봄에 《50대에 시작한 4개 외국어 도전기》라는 책을 출간했고 이것이 독자들의 호평을 받았다. 적지 않은 사람들이 50대에 그런 성과를 거둔 데 높은 평가를 해준 것이다. 하지만 책까지 낸 기쁨도 잠시, 특별한 목표도 없는 어학 공부를 그 후에도 어떻게 지속하면 좋을지가 은근한 고민이 되었다. 일상생활에서 전혀 사용하지 않는 외국어 공부를 그

것도 네 개씩이나 계속한다는 것은 책을 내기 전이나 후나 똑같이 어려운 일이었기 때문이었다.

그러다 책을 낸 지 반년쯤 지난 2010년 10월 어느 날이었다. 당시 나는 한 학원에서 중국 현지의 TV 프로그램을 카세트테이프나 온라인으로 설명해주는 방식의 강좌를 듣고 있었는데, 수강생 중에 중국어학과를 다니고 있는 대학생이 한 명 있었다. 어느 날 그 학생과 휴식 시간에 잡담을 나누다가 중국어 능력시험인 '한어수평고시汉语水平考試, HSK'에 대해 듣게 되었다. 나로서는 처음 듣는 이야기였다. 이것은 중국 교육부가 지정한 중국어 능력시험으로, 중국어 능력시험 중에 가장 권위가 있으므로 당락과는 상관없이 목표도 생기고 시험을 준비하는 과정 자체가 공부에 큰 도움이 될 것이라는 설명이었다. 솔깃해 하는 나에게 그 학생은 '충분히 최고 등급인 6급에 합격할 수 있을 것'이라고 격려해주었다. 그 후 조금 망설이다가 결국 시험을 치르기로 결심했다.

누구나 쉽게 공감하듯 시험은 그 자체로 엄청난 스트레스다. 남에게 평가를 받는다는 형식도 그렇고, 결과에 따라 개인의 앞날에 큰 영향을 줄 수 있다는 본질적인 속성이 사람을 긴장하게 만드는 것이다. 이 때문에 시험은 피할 수만 있다면 피하는 것이 최선일지도 모른다. 그럼에도 스스로 시험이라는 굴레에 뛰어든 것은 합격 여부에 얽매일 이유가 없다는 정신적 편안함이 어느 정도 작용했을 것이다. 그렇지만 그것은 어디까지나 완전한 결심이 서기 전까지의 생각일 뿐이었다. 일단 시험을 치르기로 했으면, 합격증이 필요하든 그렇지 않든 간에 합격을 위해 최선을 다하는 것이 수험생으로서의 도리였다.

이런 각오로 2010년 말에는 이듬해인 2011년 3월로 예정된 HSK의 최고 등급인 '6급'에 합격하고야 말겠다는 의욕에 불타 있었다. 당시로는 당면한 중국어 능력시험 준비에 매진하는 것 이외에 다른 계획은 아무것도 없었다. 같이 배우고 있던 일본어, 프랑스어, 스페인어의 능력시험 같은 것은 생각조차 하지 않았고, 만일 하더라도 먼 훗날의 일이라고 생각했다.

그런데 이런 차에 상황을 묘하게 만드는 일이 발생했다. 한 달 앞으로 다가온 중국어 능력시험을 위해 한참 공부에 매진할 때인 2011년 2월 16일에 아는 잡지사로부터 한 통의 이메일을 받았다. 시사 월간지 〈신동아〉였다. 내용은 '명사 25명의 버킷리스트'라는 제목의 별책 부록에 실릴 글을 작성해달라는 원고 청탁이었다. 〈신동아〉와는 이전부터 몇 가지 글을 장기 연재해온 인연이 있었던 터라 원고 부탁을 마다하기가 어려웠다. 그런데 문제는 버킷리스트의 내용이었다. 평소에 이에 대해 심각하게 생각해본 적이 없었기 때문에 처음에는 막막했지만 나름대로 생각을 가다듬어 리스트를 보냈고, 이는 2011년 다음과 같은 내용으로 〈신동아〉 4월호 별책 부록에 실리게 되었다.

〈일탈의 미학〉

버킷리스트를 만드는 것은 생각만큼 쉽지 않다. 영화에서처럼 실제 절박한 상황이 눈앞에 닥치지 않는다면 기약 없는 미래에 대한 막연한 희망 사항의 나열에 그치기 쉽기 때문이다. (……)

그러나 어떤 경우라도 생의 어느 순간에 이런 종류의 리스트를 한번 만들어보는 것은 지난 삶을 의미 있게 되돌아보고 앞으로의 여정을 보다 가치 있게 설계하는 데 큰 도움이 될 것으로 생각된다. (……)

돌이켜보면 개인적으로 어린 시절부터 유난히 일상으로부터의 탈출에 관심이 있었다. 다만 성격 때문인지 현실에서 멀찌감치 떨어진 일탈은 늘 두려웠다. 그래서 '현실을 떠나지 않으면서 낭만을 추구한다'라는 언뜻 그럴듯하지만 다소 치기 어린 생각에 오랫동안 사로잡혀 왔다. 이 때문에 학창 시절에는 '공부를 하되 공부만을 하지는 않는다'는 엉뚱한 소신 아래 운동과 각종 서클 활동에 열중하다 롤러코스터 같은 성적의 부침에 시달리기도 하였다.

(……) 이렇게 일찍감치 일탈의 미학에 심취하다 보니 정작 버킷리스트를 작성하는 데 있어 쉽지 않은 느낌이 있다. 영어를 제외한 4개 외국어 공부에 잘못 발을 들여놓아 매일 매일 신물이 나도록 고생하고 있고, 같은 나이 또래에게는 웬만큼 뒤지지 않을 정도로 운동에도 빠졌다. 세상의 모든 술을 섭렵할 것 같은 분위기 속에 미니어처 술 수집가로서 홈페이지까지 운영하며, 또 여느 술 전

문가 못지않게 관련 글도 쓰고 있다. 영화 감상과 역사 공부를 겸한 여행 역시 오랫동안 빼놓을 수 없는 여가 활동이 되고 있다.

그러나 만일 영화에서처럼 길어야 1년 정도의 시간만 주어진다면 어찌 죽기 전에 반드시 이루고 싶은 추가 일탈의 아쉬움이 없을 수 있겠는가?

나의 버킷리스트에 수록된 네 가지 항목 중 가장 중요한 두 가지는 다음과 같았다.

첫째, 지금 공부하고 있는 4개 외국어, 즉 중국어, 일본어, 프랑스어, 스페인어의 고급 어학능력 자격시험에 도전하여 모두 합격한다.

시험을 통한 학습 동기의 고취는 오랜 시간에 걸쳐 검정된 효율적인 공부 방법이다. 또 지난 기간 동안 해왔던 공부 방법의 지속에 따른 단조로움에서 벗어나게 해줄 수 있는 것도 장점이다. 그리고 실제 어학 능력에 대해 궁금해하는 주변 사람들에게 복잡한 설명 없이도 보여줄 것이 생기게 되니 그야말로 일석삼조의 시도인 셈이다. (……)

둘째, 세미누드 사진집을 만든다.

2년 전에 우연한 일이 동기가 되어 웃통을 벗고 사진을 찍었다. 그런데 이 사진이 어떻게 하다 한 일간지에 소개되면서 일약 '몸짱 교수'라는 타이틀을 얻게 되었다. (……) 이제는 세미누드 사진집을 한번 찍어보고 싶다. 물론 요즈음 유행하는 연예계 스타들의 전문 작품집에는 비견조차 할 수 없겠지만, 나름대로 이를 계기로 몸을 보다 더 열심히 가꾸어도 보고 가능하다면 비슷한 연배의 사람들에게 신선한 자극을 주고도 싶다.

이 버킷리스트를 완성했을 즈음에는 중국어 능력시험이 얼마 남지 않았을 때였다. 중국어 시험의 합격도 전혀 장담할 수 없는 상황에서 추가로 일본어, 프랑스어, 스페인어 능력시험 합격에까지 도전해보겠다는 것은 아무리 생각해도 무모한 계획이었다.

그러나 지금까지 지나간 일들을 돌이켜보면, 삶의 많은 일이 어느 날 문득 마치 우연처럼 내 곁에 살포시 다가왔다. 이런 우연을 필연으로 바꿔 진정한 삶의 자산으로 만드는 것은 결국 본인의 도전 의지와 그에 상응하는 노력의 유무일 것이다.

따지고 보면 당시 도전의 출발점이었던 중국어 시험도 학원에서의 우연한 대화가 계기가 되었다. 그리고 이 시작이 그 후 네 개 외국어 능력시험 도전이라는 거창한 목표로까지 발전한 것 역시 우연히 타의에 의해 '나의 버킷리스트'를 작성하게 된 것이 결정적 배경이었다.

당시 버킷리스트를 쓰며 엉겁결에 목표를 세웠지만 상식적으로 이것은 실현 가능한 목표가 아니었다. 그러나 그렇다고 해서 이미 세운 결심을 허무한 실패담으로 남기기는 싫었다. 그리고 그 후 결과적으로 2011년 3월 중국어 HSK 6급 합격, 7월 일본어 JLPT N1 합격, 11월 프랑스어 DELF B1 합격, 마지막으로 2012년 5월 스페인어 DELE B2 합격까지 성공할 수 있었다.

사투리도 환경도 극복하는 노력의 힘

50세가 넘은 나이에 무려 네 개의 외국어를 동시에 취미로 공부하면서, 고급 어학 능력시험에 모두 합격했다고 하면 적지 않은 사람이 나에게 남다른 배경이 있을 것이라고 지레짐작했다. 일단 내가 외국어 공부에 타고난 능력이 있을 것이라고 생각했다. 과거에 외국에 산 경험이 있거나 공부 과정에서 큰돈을 들여 개인 교습을 받는 등 무언가 일반 사람들이 흉내 내기 힘든 비밀이 있을 것이라고 생각한 사람도 많았다.

그러나 알고 보면 나의 외국어 배경은 오늘날 평균적인 50대에 비해 못하면 못했지 나을 것이 전혀 없었다. 가장 심각한 것은 발음 문제였다. 알파벳 'P'와 'F'의 발음을 전혀 구별할 수 없었던 것이다. 학창 시절에 단어 암기나 문법, 독해에 치중했을 때는 아무런 문제가 되지 않았던 것이 뒤늦게 회화에 중점을 두자니 중요한 장애물이 되었다. 'R'과 'L'의 차이에서도 비슷한 어려움을 겪었다. 'Th' 발음에서 혀를 이로 무는 것은 쑥스럽기까지 했다. 물론 중고등학교 시절부터 끊임없이 이런 발음의 중요성에 관해 배워왔지만, 그 당시에는 필기시험만 잘 치르면 되었기 때문에 크게 와닿지 않았다.

뒤늦게나마 나름대로 발음 문제를 극복해보려고 노력했으나 결국 타고난 능력으로는 한계가 있다고 결론 내리고 차선의 길을 택하게 되었다. 즉, 무조건 입과 혀 모양을 원칙에 맞춰 남들처럼 흉내 내보기로 한 것이다. 윗니를 아랫입술에 붙이면서 'F' 소리를 내면 나는 여전히 'P'와의 발음 차이를 구별하지 못해도 남은 어쨌든 구별해 들어주었다. 남이 하는 발음은 그나마 있는 단어 실력을 활용해 문맥으로 구별하는 방법을 사용했다. 예를 들어, 상대방이 대화 중에 'fox(여우)'라는 단어를 꺼내면 'F' 발음을 알아듣는 게 아니라 문맥상 'F'일 거라 추측하는 식이었다. 이런 고육지책은 지금도 크게 다르지 않다.

이렇게 외국어 발음에 약점이 있는 것은 음악적 재능이 없는 것과 연관 지어보기도 했다. 어릴 때부터 음정에 대한 감각이 전혀 없었기 때문에 웬만큼 익숙한 노래도 혼자서 제대로 따라 부르는 것이 항상 어려웠다. 특히 반주에 맞춰 노래 부르기는 난제

중의 난제였다. 이 때문인지 의사 초년병 시절에는 청진 환경이 조금만 어려워도 정확한 해석에 상당히 애를 먹었다. 환자 몸의 특정 부위를 손가락으로 가볍게 두드려서 들리는 소리를 기준으로 병변 부위를 파악하는 '타진법'이라는 의료 술기에서도 약간의 어려움이 따랐다. 사실 '흉부 타진법'이라는 술기를 임상의학에 처음 사용했던 오스트리아의 요제프 레오폴트 아우엔브루거라는 의사는 오페라의 가사를 쓸 정도로 음악에 남다른 재능을 가진 사람이었다.

그런데 나의 경우 외국어는 물론 설상가상으로 우리말 발음조차 제대로 하지 못했다. 교수 생활 초창기에는 강의에서 농담을 하지도 않았는데 학생들이 갑자기 웃음을 터뜨릴 때가 있어 적잖이 당황하기도 했다. 그 후 경험이 축적되면서부터는 그럴때마다 '아, 내 발음 어디가 이상했던 모양이구나' 하고 자연스럽게 받아들였다. 어차피 발음의 어디가 잘못되었는지 스스로는 아무리 생각해도 알 수 없었고, 설사 안다고 하더라도 고칠 수도 없다고 생각했기 때문이었다.

우리말 발음에 관해서는 지금도 잊기 힘든 에피소드가 하나 있다. 큰애가 초등학교에 들어가기 전 아버지로서 한글 공부만은 직접 가르쳐야겠다고 작정했다. 일단 한글 자모의 기초 과정을 그런대로 잘 끝내고 받아쓰기 연습을 하던 때였다. 그렇게 어렵지 않은 몇 가지 문장을 불러주었는데 아이가 제대로 받아 적지를 못했다. 화가 난 내가 질책하자 아이는 기가 죽은 목소리로 "아빠가 불러주는 발음 그대로 받아 적었어요"라고 대답했다. 나는 순간 머리가 멍할 정도로 충격을 받고 속으로 두 번 다시 받아쓰기 공부에 관여하지 않기로 결심했다.

나의 이런 한심하기까지 한 발음과 초라한 외국어 배경은 다음과 같은 성장 과정에서 더 잘 드러난다. 아마 50대 이상의 세대 중 상당수가 가지고 있는 외국어에 대한 추억과 비슷하지 않을까 하는 생각이 든다.

중학교 전엔 알파벳도 모르던 시절

1950년대 우리나라 남쪽 끝 항구도시인 마산에서 성장한 나는 외국어라는 것은 그야말로 상상 속에서나 존재하는 언어로 여기며 자랐다. 그 시절 대부분의 어린이들도 마찬가지였을 것이다. 이따금 학교에서 단체로 영화를 보러 가면 외국 만화영화에 등장하는 영어가 어린 마음에는 전혀 다른 별세계의 언어처럼 신기하게 느껴지기도 했다. 그러나 더 이상의 구체적인 관심은 가질 수가 없었다.

당시만 해도 국민학교 6년 과정을 끝낼 때까지 영어는 배울 기회도 없었고 또 구태여 배워야 할 특별한 동기도 없었다. 물론 그 당시에도 영어가 중요하다는 인식은 있었지만, 지금과 같은 선행학습이 존재하지 않았고 심지어 드물게라도 일찌감치 자녀들에게 영어를 가르치려는 사람이 있으면 일종의 지적 허영에서 비롯된 사치를 부린다고 손가락질하기도 하였다.

게다가 일상생활에서 영어를 접할 기회는 매우 드물었다. 텔레비전이 제대로 보급되어 있지도, 비디오 같은 것이 존재하지도 않을 때였다. 인쇄매체로 영어를 대할 기회라야 미군 PX에서 흘러나온 물건들의 상표에서 몇 글자 보게 되는 것이 고작이었다. 서양 사람을 직접 볼 일은 더더욱 드물었다.

당시의 이런 사회 배경하에서 그나마 내가 알파벳이라도 처음 배우게 된 것은 중학교 입학이 확정되고 나서였다(당시에는 중학교도 입학시험을 치렀다). 비록 지방 중소도시였지만 남다른 교육열을 가지고 있었던 부모님이 한 과외 선생님에게 부탁해 영어 과외를 받게 된 것이다. 물론 지금처럼 체계적인 교육이 아니라 세 차례에 걸쳐 알파벳을 쓰고 읽는 법을 배우는 것이 전부였다. 과외 선생님도 사실은 산수를 가르치던 분이었다. 그러나 당시의 사회 분위기를 감안할 때 그 정도의 선행학습만으로도 만족감은 대단했다.

이렇게 남다른(?) 선행학습 덕분에 중학교에 입학한 후 친구들이 알파벳을 익히느라 쩔쩔매고 있을 때 보란 듯이 ABCD를 대문자, 소문자 가리지 않고 유창하게 써내려가 일약 우수 학생으로 평가받기도 했다.

중학교에서 정식으로 시작된 영어 공부는 요즈음 흔히 잘못된 교육 방법으로 지탄받는 문법 위주의 전형이었다. 영어를 잘한다는 것은 주어진 문장을 문법의 틀에 맞추어 제대로 해석할 줄 안다는 것이었다. 회화나 청취 능력의 계발 같은 교과 과정은 그 개념조차 없었다. 설사 있었다고 하더라도 이를 제대로 배우고 가르칠 체계적인 방법 역시 준비되어 있지 않았다. 당시의 영어는 사람 간의 의사소통을 위한 수단이 아니라 마치 수학처럼 공식의 틀에 맞추어 문제를 풀고 해답을 찾아가는 아주 묘한 형태였다.

따지고 보면 그때 선생님들도 별다른 방법이 없었을 것이다. 자신들도 어릴 때부터 그러한 교육을 받고 자랐으며, 개인적으로 남다른 의욕을 가지고 있다 하더라도 교육 현장에서 실천할 만한 특별한 동기를 찾기가 어려웠다. 입학시험이나 취직시험에서 영어 실력에 대한 평가는 전적으로 독해와 문법에 근거한 필기시험이 전부였다. 따라서 당시 영어 공부에서는 책을 읽고 제대로 해석할 수 있는 능력이 가장 중요했으며, 실용적인 활용이라야 주변에 있는 몇몇 미제 물건의 상표를 해독할 수 있는 정도면 충분했다.

독해와 문법만 공부하던 고교 시절

이후 고향 마산을 떠나 우리나라 제2의 도시 부산에 있는 경남 고등학교에 입학했다. 고등학교에 들어가니 제2외국어로 독일어와 프랑스어 중에 한 가지를 선택해야 했다. 일찌감치 의과대학에 진학하는 것을 목표로 삼았던 나는, 당시 자연계열은 독일어를 하는 것이 진로에 도움이 된다는 근거 없는 말에 이끌려 별다른 생각 없이 독일어를 제2외국어로 선택하게 되었다.

독일어를 배우면서 자부심도 생겼지만, 영어도 제대로 하기 벅찬 상황에서 또 다른 외국어를 배운다는 것은 상당히 어려웠다. 더구나 독일어는 영어와는 문법 체계가 많이 달랐기 때문에 더욱 힘들게 느껴졌다. 명사마다 성별을 구분하는가 하면 인칭과 단수 및 복수에 따른 동사의 변화와 관사의 격변화 등 영어와는 전혀 다른 문법을 익혀야 하는 과정이 쉬울 리가 없었다. 그러나 대학 입학 시험을 위해서는 싫든 좋든 할 수밖에 없었고 어렵다는 이유로 포기할 수는 없었다.

영어 수업은 기본적으로 중학교 때와 큰 차이가 없었다. 회화나 청취는 배제되었고, 문법이나 독해에 관련된 수업이 주를 이루었다. 나의 영어 시험 성적은 항상 우수한 편에 속했지만, 실생활 영어는 젬병이었다. 영어권 외국인을 직접 만나거나 말할 기회가 없었던 것도 마산에서의 중학교 시절과 별반 차이가 없었다. 그나마 영어 대화를 들을 일이라고는 가끔 단체 관람으로 접하는 미국 영화에서가 유일했다. 그러나 이때도 자막을 보고 읽는 것 말고는 특별한 자극이 되지는 않았다. 결국 고등학교 시절의 영어 공부는 중학교 때보다 독해, 문법의 난이도가 높아졌다는 것 정도로 특별한 변화 없이 흘러갔다.

학교 공부만으로도 벅차던 의대생 시절

1972년, 목표대로 서울대학교 의과대학에 입학하게 되었다. 의과대학 6년 과정의 첫 2년간은 지금과 마찬가지로 문리대(지금은 자연대)에 소속되어 예과 과정을 거치게 되었다. 대한민국 어디나 일일생활권으로 빨라진 지금과는 달리 1970년대 초반만 하더라도 서울은 지방에서 처음 유학 온 학생의 입장에서는 쉽게 다가가기 어려운 복잡한 도시였다. 심지어 '서울 유학'이라는 표현이 자연스럽게 사용되던 시절이기도 했다.

　고등학교 시절의 갇힌 생활에서 해방감에 사로잡힌 내가 처음으로 느낀 대학가 특유의 분위기는 큰 자극으로 다가왔다. 구내서점에는 생전 처음 본 영어로만 된 원서들이 잔뜩 쌓여 있었다. 호기심 반, 멋 반으로 전공과는 전혀 관계없는 영어 원서들을 사보기도 했다. 이런 종류의 서적들은 약간의 관련 단어들만 사전에서 찾아보면 문장 자체는 그렇게 어렵지 않았다. 원서를 독해하면서 다양한 분야의 단어들을 익힐 수 있었다는 것은 나름 큰 소득이었다.

1970년대 초는 복잡한 정치적 사건과 사회적 분위기로 수업이 제대로 이뤄지지 못할 때가 많았다. 특히 학점 관리를 위해 고등학교 때 배운 독일어 실력을 활용하려고 수강한 독일어 수업은 제대로 들은 기억이 없을 정도였다. 영어 수업 역시 크게 다르지 않았다. 예과 시절에는 영어 원서를 읽어보았다는 새로운 경험 이외에 더 이상 외국어 실력이 향상되지는 않았다. 그나마 하숙집에 하나 있던 흑백 텔레비전에서 주한미군방송^{AFKN}으로 영어를 접할 수 있었다는 게 다행이었다.

결국 약간의 단어를 더 알게 된 것 정도로 고등학교 때와 그다지 차이가 없는 영어 실력에서 본과로 진입하게 되었다. 의과대학 본과시절은 엄청난 공부량으로 학생들에게는 상당히 힘든 시기다. 국내 의학 서적이 많지도 않았던 시절이라 대부분의 과목은 원서로 공부해야 했다. 이러한 의학서적들은 문장 구조가 단순했으므로 오히려 나에게는 읽기 편하게 느껴졌다. 그러나 예과 때와 마찬가지로 영어 실력에 큰 진전이 있을 리 없었다. 별도의 영어 수업도 없었고, 전공 수업과 시험에 쫓기다 보니 영어 공부를 위해서 따로 시간을 할애하기도 어려웠다.

이렇게 본과 4년을 보냈으니 사실 영어에 관해서는 특별히 내세울 만한 것이 전혀 없는 기간이 되고 말았다. 그럼에도 영어로 된 책으로 공부하고 영어 의학용어를 자유롭게 구사할 수 있게 되었다는 것만으로 마치 영어를 잘하는 것과 같은 착각에 빠지기도 했다. 당시에는 국가 전체적으로 영어에 대한 수준이 높지 않았던 때였다. 의사들이 영어를 사용해 환자 기록과 처방전을 쓰고, 전문용어로 대화하는 것을 보며 자연스럽게 어학 면에서 영어 실력이 높다고 오해받기도 했다.

그러나 지금 생각해보면 그때의 영어라는 것은 그야말로 전문 의학용어의 단순한 나열에 지나지 않았다. 오히려 어학 자체로써의 영어 실력은 예과 시절에 비해 정체되었거나 오히려 퇴보한 상태였다. 그렇게 외국어에 관한 한 특별히 발전이라고 할 것도 없는 대학 시절이 지나갔다.

지금까지 외국어에 대한 나의 성장 배경과 타고난 고질적인 발음 문제를 말했다. 나는 대학 졸업 때까지 영어 원어민과 대화는커녕 서양 사람 얼굴을 본 적도 몇 번 없었다. 요즘 같은 변변한 시청각 자료 역시 있을 리 만무했고 고작해야 카세트테이프가 전부였다. 학창 시절 그토록 애를 써서 공부했던 영어는 책을 읽는 용도로만 활용되었고 영화관에서조차 영어를 알아듣기 어려웠다.

이런 나도 오로지 꾸준함과 끈기를 무기로 사회생활을 하면서 일차로 영어 울렁증을 극복했고, 그 후 50세가 넘어서는 무려 네 가지나 되는 제2외국어에 도전해 오늘에 이르게 되었다. 미켈란젤로는 이렇게 말했다. "내가 이 경지에 오르기까지 얼마나 열심히 노력했는지 사람들이 안다면 결코 멋지다고는 말하지 못할 것이다"라고.

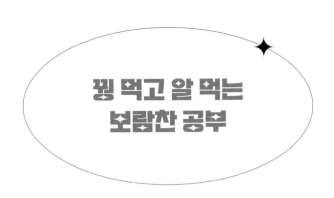

꿩 먹고 알 먹는
보람찬 공부

오늘날과 같은 세계화 시대에 어린이와 청소년 층에서 외국어 공부가 필수라는 데는 특별한 설명이 필요 없을 것이다. 그런데 50대처럼 나이가 어느 정도 든 사람들이라면 과연 어떨까? 군이 그 나이에 외국어 공부를 해야 할 어떤 동기가 있을까? 만일 외국어 공부가 특정 목표가 없는 단순한 소일거리에 지나지 않는다면 그것에 들이는 노력과 시간, 그리고 비용의 가성비에 대해 진지하게 한번 생각해보아야 하지 않을까?

최근 몇 년간 '시니어 어학연수'라는 키워드가 은근히 세간의 관심을 끌고 있는 모양이다. 아마도 지금은 어느 정도 경제력이 있지만 과거에는 어학연수라는 기회를 가질 수 없었던 베이비부

머 세대가 대대적으로 은퇴하면서 이에 맞춰 많은 관련 업체가 적극적으로 다양한 상품을 내놓는 것이 큰 이유인 듯하다. 다만 어학연수라는 진정한 의미를 달성하기에는 언뜻 무리가 있어 보이는 프로그램들이 종종 눈에 띄어 아쉬운 면도 있다. 그러면 이런 의미에서라도 50대가 되어 새롭게 외국어 공부에 도전해야 할 필요성을 곰곰이 생각해보자.

해외 여행의 즐거움이 한층 커진다

1980년대까지만 하더라도 한국 사람들은 대체로 왜 영어 공부가 필요한지에 대해 진지한 의문을 표시했다. 학창 시절 진학이나 취업에 필요한 시험 과정이 끝난 이후에는 실생활에서 실제 영어 지식이 필요한 사람들이라고 해봐야 유학생과 일부 상사 직원을 제외하고는 아주 적었기 때문이었다. 심지어 평생 외국인과 직접 영어로 대화를 나눌 기회가 단 한 번도 없는 경우도 많았다. 그러니 시간과 돈을 써가며 고생은 고생대로 하면서 전 국민이 영어 공부에 매진할 필요가 있느냐는 의문이었다. 일리도 있었고 공감하는 사람들도 꽤 많았다.

그러다가 그동안 쌓인 경제력과 88서울올림픽의 성공적인 마무리 이후 국제화 시대의 흐름에 힘입어 마침내 1989년 해외여행 자유화가 전면 시행되었다. 이후 영어 무용론은 자취를 감추었다. 전 국민이 마음만 먹으면 자유롭게 외국을 드나들 수 있게 되었고 영어의 필요성도 점점 커졌기 때문이었다. 영어뿐만이 아니었다. 갈수록 해외 방문의 문호가 넓어지면서 이제는 스페인어, 프랑스어, 일본어, 중국어 등의 제2외국어도 알아두면 큰 도움이 되는 언어로 부상하게 되었다. 자연스럽게 2개 국어, 3개 국어 등 다중 외국어 구사자들도 증가했다.

'아는 만큼 보인다'라는 말은 새길수록 그 가치가 깊어지는 표현이다. 오늘날에는 패키지여행으로 전문 가이드의 도움을 받아가며 편안하게 여행할 수 있는 방법도 있고, 외국어를 잘 모르더라도 간단한 단어 몇 가지와 보디랭귀지로 무장하고 여행을 성공적으로 마쳤다는 무용담들도 적지 않다. 최근에는 파파고나 구글과 같은 자동 번역기도 여럿 소개되고 있다.

물론 이런 여행도 나름대로 충분한 가치가 있겠지만, 아무래도 해당 국가의 언어를 어느 정도 이해하는 상태에서 하는 여행만큼 진정한 재미를 제대로 누리지는 못할 것이다. 언어를 알면 알수록 더 많이 보이고 더 많이 들리고 더 많이 느낄 수밖에 없기 때문이다.

자, 어떤가. 50대 이상의 시니어들도 용기를 내어 어떤 외국어 공부든 새롭게 도전해 '아는 만큼 보이는 세계'에 한번 들어가 보는 것은 어떨지. '찐 가성비'가 절로 느껴질 것이다.

인문학적 희열을 선물해준다

내가 대학 생활을 보낸 1970년대에는 인문학과의 위상이 오늘날 같지는 않았다. 물론 당시에도 인기가 아주 드높지는 않았지만 이른바 '문사철'로 대표되는 인문학은 대학 본연의 학문 순수성을 지키는 보루처럼 인식되었다. 사회적으로도 빠른 경제 성장 분위기에 힘입어 이런 학과 역시 취업에 큰 애로가 없었다. 문제라면 전공을 제대로 살리지 못한다는 것 정도였지만, 인문학적 소양을 바탕으로 사회 전반을 다룰 수 있다는 자긍심이 오히려 앞설 때도 있었다.

그러던 상황이 어느새 완전히 변했다. 취업 시장의 우선권을 전문 기술에 넘겨주면서 이른바 '문송합니다'의 시대가 도래한 것이다. 1980년대까지만 해도 어느 정도 명맥을 유지하던 선비 사상은 어느덧 흔적을 감추었고, 과거 천민자본주의로까지 폄하당하던 배금주의의 핵심인 "돈 많이 버세요"가 최고의 덕담인 시대가 된 것이다.

이제 인문학과는 위기라고 할 것도 없다. 위기는 그나마 회복할 가능성이 있을 때의 표현이지만, 지금은 인문학자들조차 스스로 '인문학 말살'이라고 하는 것이 더 적절한 표현이라고 자조하는 지경에 이르렀다. 그런데 역설적으로 대중적인 의미에서 인문학의 인기는 상대적으로 폭발하고 있다. 옛날보다 풍족한 경제적 여건에도 불구하고 빡빡하고 메마르기 그지없는 일상에서 많은 사람이 사막의 오아시스를 찾듯 인문학적 사고와 지식의 필요성을 느끼고 이를 찾아나서고 있는 것이다. 바꿔 말하자면 기계처럼 돌아가는 메마른 현대사회에서 삶을 매끄럽게 만들어줄 윤활유로써 인문학적 지식을 찾는, 어쩌면 논리적이고도 자연적인 과정인 셈이다.

　이런 귀중한 인문학적 소양을 제공해주는 매개체로는 전통적인 세 가지 대표 주자인 문학, 역사, 철학 같은 학문을 공부하는 방법이 가장 확실하지만, 외국어 공부 역시 이 분야들 못지 않게 중요한 인문학적 지식의 공급원이 될 수 있다. 한편으로는 더 풍부하고 다양한 인문학적 시각을 학습자에게 선물해줄지도 모른다. 외국어 공부에서 자연스럽게 여러 문화, 역사, 생활방식, 사고방식 등을 배우고 이해하는 기회가 마련되기 때문이다. 대만 출신의 NGO 활동가이자 다중언어 구사자인 추스잉이 그녀의 저서《그래서 오늘 나는 외국어를 시작했다》에서 외국어 공부가 소중한 까닭은 나와 다른 말을 하는 사람들이 어떤 생각을 가지고 있는지 알 수 있기 때문이며, 상대방의 언어를 알아야만 그가 이해할 수 있는 논리로 소통할 수 있다고 말한 것도 바로 이 때문일 것이다.

일상의 중요한 활력이 된다

'무플보다 악플이 낫고, 지루한 인생보다 곡절 있는 삶이 오히려 더 견딜 만하다'라는 말이 있다. 종종 '도대체 살아가는 것이 재미가 없다', '하루하루가 따분하고 의미가 없다', '오늘은 또 어떻게 지내야 하나' 같은 류의 한탄을 주위에서 듣게 된다. 물론 사람의 성향에 따라 다르지만 아무래도 이런 느낌은 나이가 드는 것과 정비례하기 십상이다.

외국어 공부에는 이런 일상생활의 나태함, 무료함을 일시에 제거해주는 본연의 역량이 있다. 공부를 시작하는 순간에는 새로운 것에 대한 긍정적 전율을 느낄 것이며, 지속하는 동안에는 매일매일 즐거운 긴장감을 느끼게 될 것이다. 그리고 어느 날 문득 자신의 발전을 볼 때는 말로 쉽게 표현할 수 없는 생의 활력을 체험하게 된다. 누가 아는가! 50대에 시작한 외국어 공부 하나가 백 년 인생의 나머지 후반기를 지루하지 않고 생기 넘치게 만드는 더없이 소중한 동반자가 되어줄지.

삶의 자신감을 가지게 해준다

사람이 생을 살아가는 데 '자신감'만큼 중요한 것도 없다. 자신감을 잃으면 우울해지고 우울해지면 각종 정신적, 육체적 질병에 걸리기 쉬워진다는 것은 자명하다. 자신감 상실은 누구에게나 언제 어느 때든 올 수 있지만, 특히 50대를 넘어선 사람들은 그렇지 않아도 신체적 쇠퇴에 따른 상실감이 큰 상황에서 정신적 자신감까지 잃으면 그야말로 날개 없이 추락하는 형국에 빠지게 된다.

이럴 때 외국어 공부는 자신감 회복에 큰 도움이 될 수 있다. '나도 외국어를 할 수 있다', '나도 새로운 도전을 할 수 있다, 또는 하고 있다', '나도 아직 공부할 수 있는 지적 여력이 있다' 같은 생각을 샘솟게 하기 때문이다. 어떤가! 생각만 해도 자신감이 불끈 솟아나지 않는가!

치매 예방에 효과가 있을 수도!

기억의 시간은 더디고 망각의 시간은 빠르다. 단순한 기억력 감퇴를 넘어 질병으로써의 치매 환자가 된다는 것은 어떤 경우에도 끔찍한 일로, 벗어날 수 있는 조금의 기회라도 있다면 누구라도 그 끈을 붙잡고 싶을 것이다. 이런 의미에서 만일 외국어 공부가 치매 예방에 도움이 된다고 하면 시니어 계층에게는 그 무엇보다 솔깃한 동기 부여가 될 것이다. '치매 예방을 위해 고스톱을 친다'라는 평계까지 있는 판에 우아하고 품격 있으면서 보람도 남다른 외국어 공부로 치매까지 예방할 수 있다면 가히 일석이

조가 아니겠는가?

　다만 최근 많은 관련 연구에서 외국어 공부의 치매 예방 효과에 대해 긍정적인 결과들을 내놓고 있지만, 아직 불확실한 부분도 많고 설사 관련성이 있다 하더라도 그 정확한 기전은 모르는 상태다. 그렇지만 세상 모든 일에 반드시 100퍼센트 확실한 과학적, 의학적 증거가 필요한 것은 아니다. 외국어 공부를 활용한 적극적인 두뇌 활동은 심리적으로든 직관적으로든 치매 예방에 도움이 될 수밖에 없다. 이런 도랑 치고 가재 잡고, 꿩 먹고 알 먹는 기회를 쉽게 놓쳐서는 안 된다.

중년의 외국어 공부,
약점만 있는 것은 아니다!

50세가 넘은 나이에 새롭게 외국어를 배운다는 것은 무척 어려운 일이다. 물론 어린 시절이라고 해서 어학 공부가 결코 만만한 것은 아니지만 어른에 비해 한층 유리한 조건에 있다는 것이 일반적인 인식이다. 전문적인 견해도 마찬가지다. 2008년 〈코그니션Cognition〉이란 학술지에 미국 MIT 연구진이 발표한 논문에 따르면, 외국어 공부에서 10세가 넘으면 아무리 열심히 공부해도 원어민과 같은 수준으로 언어를 구사하는 것은 기대하기 어렵고 17~18세가 지나면 학습 능력이 감소해 높은 수준의 언어 습득에 상당한 한계가 있다.

그런가 하면 심리학자인 리처드 로버츠와 로저 쿠르즈가 공저한 어른의 외국어 학습전략서 《서른, 외국어를 다시 시작하다》에서 리처드는 52세의 나이로 한국어 공부를 시작하며 나이에 대한 일반적인 통념으로 미루어보면 큰 발전은 기대할 수 없을 것이라는 의기소침한 말을 하기도 했다.

또 《나이 들어 외국어라니》라는 책에는 57세 남성의 절실한 프랑스어 도전기가 담겨 있다. 집필 당시 컴퓨터 엔지니어로 일하고 있던 저자 윌리엄 알렉산더는 스스로 전생에 프랑스인이었을지 모른다는 생각까지 해가며 '내게 있어 프랑스어는 단순한 목표가 아니라 정말 간절한 것이다'라는 생각으로 프랑스어 공부에 임했지만, '신보다도 이해하기 어려운 게 프랑스어다'라는 좌절과 함께 실망스러운 결론을 내리고 만다.

그는 이 책에서 자신의 경험과 언어 전문가들의 견해를 바탕으로 자기처럼 50대가 되어 외국어를 공부한다는 것이 얼마나 어려운 일인가를 반복적으로 언급했다.

윌리엄 알렉산더는 꽉 찬 쉰일곱의 나이에 프랑스어를 능숙하게 구사하는 건 쉽지 않을 것이라 생각했다. 그는 언어학자에게 '외국어 습득에 성공한 57세 남자'의 사례가 있는지 물었다. 언어학자는 고개를 저으며 사춘기가 지난 학생의 경우에도 '아주 적은 수'만이 원어민에 가깝게 외국어를 숙달할 수 있고, 원어민처럼 유창하게 하는 사람은 단 한 명도 없다고 단언했다. 저자는 프랑스어 공부가 밑 빠진 독에 물 붓기 같은 '시시포스의 과업'이라고 말하며 얼마나 더 많은 돈과 시간을 퍼부어야 하는지 한탄했다.

이처럼 50대에 하는 외국어 공부의 어려움을 설명한 자료는 그 수를 헤아리기 힘들 정도로 매우 많다. 그렇다면 외국어 공부에서 50대와 비교해 어린이들이 가지고 있는 장점이란 구체적으로 어떤 것들일까? 그 답은 다음과 같이 세 가지로 요약될 수 있을 것이다.

1. 두뇌 능력의 차이

앞에서 이야기한 대로 나는 중학교 입학 전에 알파벳을 미리 익히고 들어갔다. 그것만 해도 당시로는 대단한 선행학습이었다. 그 시절에는 국민학교에서 외국어를 공부하는 것은 우리말을 제대로 익히는 데 방해가 된다는 논리까지 존재할 때였다.

그러던 것이 지금은 영어 유치원을 필두로 되도록 어린 나이에 외국어 공부를 시키는 것이 대세가 되었고 실제로 눈에 띄는 효과들을 보고 있다. 어린이들의 뇌는 마치 물을 빨아들이는 스펀지와 같다. 새로운 정보를 받아들이는 흡수 능력의 측면에서 인지 능력이 본격적으로 저하되기 시작하는 50대와는 비교할 수가 없다. 외국어 학습 시장에서 '7세 영어 골든타임' 같은 표현이 나오는 것도 이 때문이다.

2. 동기 부여의 차이

어떤 일을 도모하고 꾸준히 이어나가기 위해서는 강력한 동기가 필요할 때가 많다. 그런데 50대에서는 자신이 이 나이에 왜 굳이 새롭게 외국어를 공부해야 하는지 구체적이고 절실한 동기를 찾기가 쉽지 않다. 그러나 어린이들은 구태여 동기를 찾아 나서지 않더라도 각종 학습 평가나 시험 등 중요한 동기들이 항상 대기하고 있다. 젊은이들도 진학이나 취업과 같은 직접적이고도 강력한 동기들을 가지고 있다. 결국 추진력에서 차이가 생길 수밖에 없는 것이다.

3. 사회 환경적 차이

50대에는 사회 환경적으로 외국어 공부에 필요한 시간과 여유를 확보하는 데 제한이 있을 수밖에 없다. 반면 어린이들은 특별히 열악한 환경에서 자라는 경우가 아니라면, 자연스럽게 외국어를 공부할 수 있는 사회 환경적 여건이 주어진다.

한국교육과정평가원이 초등학교 3학년을 대상으로 한 조사에 따르면 80퍼센트가 영어 선행학습을 했다고 한다. 2015년에 한 조사이니 지금은 비율이 더 높아졌을 것이다. 또 2020년도에 초등학교에서 정규 교육과정의 영어 수업(초등학교 3학년 시작)을 제외하고 1, 2학년 대상의 방과 후 영어 수업을 시행하는 학교가 전국적으로 73퍼센트이고 서울의 경우 무려 94.4퍼센트에 달한다고 한다. 즉, 마음만 먹으면 웬만해서는 외국어 공부를 할 수 있다는 뜻이다.

그렇다고 해서 50대의 외국어 공부에 반드시 단점만이 있는 것은 아니다. 50대의 장점 역시 비슷한 맥락으로 다음과 같은 세 가지로 요약될 수 있다.

1. 인지적 측면의 장점

인지적 영역이란 《교육평가 용어사전》에 따르면 '외적 환경 요소나 대상을 수용해 인간 내적인 요소와 상호 작용을 통해 발달해가는 정신 능력을 총칭하는 인간 행동의 한 측면'이다. 지식, 이해력, 적용력, 분석력, 종합력, 문제해결력, 논리적 사고력, 비판적 사고력, 창의력 등이 포함된다. 세부 항목에서 볼 수 있듯 어린이들이 감히 흉내조차 낼 수 없는 것들이다. 외국어 공부에서는, 발음이나 청취, 회화 등의 능력에서 어린이들을 따라 잡을 수 없는 50대가 어휘나 독해 능력에서는 종종 앞서는 것도 이런 현상의 한 단면이다.

2. 경험적 측면의 장점

50대는 새로운 것을 받아들이는 속도는 비록 뒤처지더라도 이를 자신의 다양한 경험을 바탕으로 자기 것으로 만들어나가는 능력에서는 단연 앞서나간다. 말하자면, 50대가 가지고 있는 정치, 경제, 사회, 역사, 문화 등의 지식이나 이해도는 새로운 언어를 배우고 이해하는 측면에서 강력한 지원군이 될 수 있다.

3. 시간적 측면의 장점

앞서 50대에서는 외국어 공부에 대한 절박한 동기가 부족한 것이 단점이라고 지적했다. 그런데 관점을 조금만 바꾸어보면 그렇기 때문에 조급하게 서두를 까닭도 없다는 의미가 된다. '젊었을 때 1년이 걸린 일에 지금은 2, 3년이 걸리더라도 뚜벅뚜벅 그 길을 걸어가겠다'라는 정신적, 시간적 여유를 가질 수 있다는 뜻이다. 끝이 없는 어학 공부의 길고 긴 과정에서 이것만 한 장점도 찾아보기 힘들다. 가수 고 최희준은 히트곡 〈팔도강산〉에서 잘 살고 못 사는 게 결국 마음먹기에 달렸다고 노래했지만, 객관적으로 젊은이들에 비해 상대적 여생이 적은 50대에 '시간은 오히려 나의 편이다'라고 생각할 수 있는 것도 다 마음먹기에 달린 것이 아니겠는가.

지금까지 외국어 공부에서 연령대에 따른 중요한 차이점들을 살펴보았다. 일반적으로 어린 나이일수록 공부에 유리한 조건임을 부인할 수는 없으나 50대라고 해서 반드시 불리한 점만 있는 것은 아니다. 결국 중요한 것은 이런 차이들을 잘 이해하면서 자신의 장점들을 극대화하는 방법을 찾아 공부를 해나가는 것이다. 그러다 보면 반드시 원하는 성과를 이룰 수 있다. 눈앞에 보이는 당장의 결과에 연연해하지 말고 오랜 인생 경험을 바탕으로 '꾸준히만 해나가면 언젠가는 이루어진다'라는 정신 자세를 마음에 새기기만 하면 말이다.

갈수록 어려워지는 암기, 해결 방법은?

흔히들 '외국어 공부는 암기력과의 싸움이다'라고 이야기한다. 물론 발음이나 언어 감각 등 암기만으로는 도저히 해결되지 않는 영역들도 있지만 결국 승패를 결정짓는 것은 단어와 문장의 암기다. 심지어 이것은 암기와는 무관해 보이는 청취력에서도 차이를 만들어낸다. 모르는 단어는 들리지 않기 때문이다.

그런데 새롭게 외국어 공부를 시작하다 보면 외워야 할 단어나 문장의 수는 끝이 보이지 않는데 기억력이 뒷받침해주지 않아 안타까울 때가 많다. 물론 이런 기억력의 한계와 망각의 구조는 '세월이 약이다'라는 표현에서처럼 괴로운 기억을 잊는 데는 큰 도움이 되지만, 무언가를 치열하게 외워야 하는 공부를 하는 입장에서는 야속한 일이다. 더구나 50대를 넘어서면서 그나마 남아 있던 기억력까지 깜빡거리기 시작하면 아예 새로운 공부 따위는 자신의 인생에서 더 이상 시도할 용기가 나지 않기 마련이다.

어제 배운 단어가 전혀 생각나지 않고 아침에 외운 단어가 저녁에 기억에서 사라진다면 낙담하지 않을 사람은 없을 것이다. 그리고 바로 이런 좌절감이 아무리 '미련스럽게 꾸준히 공부를 계속하고 싶어도' 쉽게 포기하게 되는 심각한 계기를 마련한다.

그러면 과연 어휘력처럼 외국어 공부에 필요한 지식을 외우는 데 속수무책으로 기억력의 한계만을 한탄해가며 있는 그대로를 받아들일 수밖에 없는 것일까? 아니면 단어나 문장의 암기를 원활하게 해주는 어떤 결정적인 비결이라도 애써 찾아 나서야 하는 것일까?

냉정하게 결론부터 먼저 이야기하자면 단어를 많이 외울 수 있는 만병통치약과 같은 비법은 절대 없다. 그런 방법이 있으면 오늘날 그 누가 암기 공부에 고통을 받고 있겠는가? 만약 누군가 기억력 향상에 반드시 성공할 수 있는 손쉬운 방법이 있다고 주장한다면 이는 지극히 상업적인 목적이거나 아니면 '만물을 금으로 바꿀 수 있다'는 옛 연금술사들의 논리를 내세우는 것과 다를 바가 없다.

그러나 그렇다고 해서 손을 놓고 가만히 있으라는 뜻은 아니다. 부정적인 의미에서의 연금술사와는 또 다른 의미에서, 브라질 출신의 유명 작가 파울로 코엘료의 작품 《연금술사》에 나오는 명언처럼 이 세상에는 위대한 진실이 하나 있다. 무언가 온 마음을 다해 원한다면 반드시 이루어진다는 것. 이 말이 주는 의미를 되새길 필요가 있다.

이 말처럼 굳이 온 마음을 다해 간절히 원하지 않더라도 암기의 효율성을 상당히 높일 수 있는 결정적인 방법은 이미 잘 알려져 있다. 바로 '반복 학습'이다. 다만 문제가 있다면 이것이 복습이라는 형태로 교육 현장에서 너무 일상적으로 강조되다 보니 사람들이 이를 암기력 향상을 위한 하나의 요령으로 받아들이기보다는 '공부를 열심히 하라'는 원칙적인 담론 정도로 생각하는 경우가 많다는 것이다. 다시 말하자면 반복 학습의 중요성을 너무 강조한 나머지 오히려 그 진정한 의미를 제대로 파악하지 못하고 있다. 그러면 이를 해소하기 위한 좋은 방법이 없을까?

이를 위해서는 반복 학습의 효과를 조금 더 구체화할 필요가 있다. 잘게 썰린 반복 학습의 맛을 조금씩 음미하다 보면 큰 덩어리로 제공될 때 생기는 반복 학습의 구태의연한 단조로움에서 벗어날 수 있다는 점이다. 이런 의미에서 그동안의 개인적 경험을 바탕으로 외국어 단어 공부, 더 나아가 외국어 공부 전반에 걸쳐서 기억력 향상에 도움이 될 반복 학습에 대한 약간의 요령을 소개해보기로 하겠다.

복습의 시기가 가장 중요하다

한번 배운 내용을 다시 반복해 공부하는 것, 즉 복습의 중요성은 모든 공부의 핵심이다. 예습은 하지 않더라도 그런대로 공부해나갈 수 있지만 복습을 열심히 하지 않는다면 그것으로 제대로 된 공부는 끝이라고 보아도 좋다. 특히 외국어 공부에서처럼 외워서 기억하는 능력이 중요한 영역에서는 반복을 통한 학습이 더욱 중요하다.

그런데 문제는 어떻게 반복하느냐 하는 것이다. 정답은 의외로 간단하다. 바로 배운 것을 되도록 빨리 복습하는 것이다. 간단해 보이지만 매우 중요한 이 원리를 실험적인 방법으로 명쾌하게 체계화한 사람이 바로 독일의 심리학자인 헤르만 에빙하우스다. 그는 만일 기억을 유지하려는 어떤 노력이 없는 상태에서 기억이 어느 정도 속도로 소실되는가를 실험적으로 증명하는 한편이를 막기 위한 방법도 함께 연구했다. 그의 연구 결과는 다음 방정식에서 잘 드러난다.

$$R = e^{-\frac{t}{S}}$$

이 방정식에서 R은 '기억력memory retention'을 의미하고, t와 S는 각각 '시간 time'과 '기억의 강도strength of memory'를 뜻한다. 즉, 우리의 기억력은 시간의 흐름에 반비례하고 기억 당시의 강도와 정비례한다는 것이다. 어쩌면 매우 상식적일 수도 있는 이 이론은 실제 실험으로 증명되면서 그 진정한 가치를 발휘했는데, 특히 시간과 기억력 유지의 상관관계를 보여주는 유명한 그래프인 '망각곡선 *forgetting curve*'은 오늘날까지 교육 현장에서 학습 지도법의 중요한 지침으로 활용되고 있다.

에빙하우스의 망각곡선에 따르면 어떤 것을 기억한 후 불과 10분만 지나더라도 망각이 시작된다. 문제는 그 후 감소 속도가 점점 증가해 한 시간 후에는 겨우 50퍼센트 정도만 기억에 남고 하루 후에는 무려 70퍼센트를 망각한다는 것이다. 물론 그 후에는 다소 완만한 커브를 그리지만 결국 기억의 10~20퍼센트만이 겨우 남아 지속되는 상태로 큰 의미가 없게 된다.

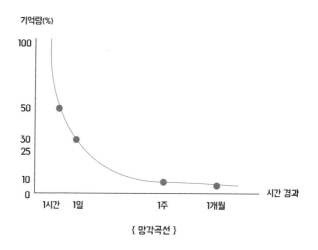

{ 망각곡선 }

그런데 이 망각곡선에서 더 중요한 것은 이렇게 허무하게 잊히는 기억력의 한계에서 이를 완화 또는 예방하는 방법을 제시하고 있다는 점이다. 즉 다음 그림을 살펴보자. 어떤 것을 기억한 후 반복 학습 과정으로 그 기억을 되살리려고 노력한다면 망각 속도를 늦추거나 최선의 결과로 아예 장기 기억 창고로 그 기억을 옮겨놓을 수 있다는 것이다.

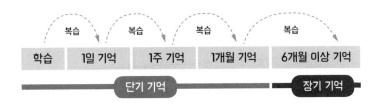

이 내용은 국내 교육 현장에서도 이미 많은 학생에게 가르치고 있을 정도로 그렇게 낯설거나 색다른 이론은 아니다. 그렇지만 여기에서 한 가지 더 강조하고 싶은 것이 있다. 바로 기억 직후에 반복하는 과정의 중요성이다.

앞서 소개한 그래프에서도 본 바와 같이 공부한 지 한 시간 이내에 복습하는 경우에는 그때까지 남아 있는 절반의 기억 저장량을 활용할 수 있을 뿐 아니라, 원 상태로 회복하기까지의 시간이 현저히 단축된다. 그리고 이 한 번의 반복만으로도 가장 처음에 공부한 것에 대한 망각의 속도가 눈에 띄게 늦춰져 추가 효과도 보게 되는 것이다. 그런데 이와 반대로 반복하기는 하되 공부한 지 일주일 후에 반복 학습을 한다고 가정하면, 기억력 유지에 대한 효과는 현저히 감소할 뿐만 아니라 사람에 따라서는 자칫 완전히 새로운 공부를 하는 느낌마저 들 수도 있다.

나의 경우 그동안의 외국어 학습 과정에서 에빙하우스의 망각곡선이 주는 교훈을 최대한 현장에서 실천해 기억력을 극대화하려고 애썼다. 예로, 학원에 다닐 때는 되도록 빨리 복습하기 위해 귀갓길의 지하철에서 수업 시간에 배운 내용들을 되새기려고 했다. 심지어 지하철에서 나와 길을 걸을 때도 그렇게 노력했다. 집에 도착한 후에는 저녁 수업의 경우 취침 전까지 한 번 더 복습을 했다. 이런 식으로 수업 후 빠르게 두 번 정도 반복 학습 과정을 밟는 것이다.

물론 학업이나 생업의 꽉 짜인 일정에서 짬을 내어 몇 시간 학원 수업을 듣고 나면, 해방감에서라도 당분간은 수업 내용에서 홀가분하게 벗어나고 싶다는 생각은 충분히 이해한다. 그러나 오히려 그렇기 때문에 그 귀한 시간에 상응하는 효과를 보는 것이 중요하고, 이를 위해서는 조금 더 긴장의 끈을 조여 수업 후 되도록 빨리 반복 학습을 해야 하는 것이다.

그리고 앞서 방정식에서 기억 용량을 좌우하는 또 하나의 변수인 '기억의 강도'도 시간 못지않게 중요하다. 시간의 흐름이 기억력에 부정적으로 작용하는 것과 반대로 기억 당시의 강도가 긍정적으로 작용한다는 것은 상식적인 말이다. 일상생활에서 겪은 충격적인 일이나 감명 깊었던 일은 누구나 더 오랫동안 생생하게 기억할 수 있기 때문이다.

그런데 문제는 똑같은 내용으로 진행되는 수업에서 어떻게 그 강도를 개인적으로 높일 수가 있는가 하는 것이다. 여기에 대한 답 역시 빠르게 반복하는 데 있다. 다만 앞서 말한 반복 학습과의 차이점이라면 배운 것을 복습하는 의미에서의 반복이 아니라 배운 것의 기억 강도를 높이기 위한 목적의 반복이다. 즉, 수업 시간 중에 선생님이 가르치는 내용을 그냥 우두커니 듣고 있는 것이 아니고 그 내용을 머릿속으로 계속 반복하는 과정을 거치는 것이다. 이때 기억 활동을 원활하게 하기 위해 만일 연상 기억이 가능한 부분이라면 적극 활용하는 것이 큰 도움이 될 수 있다.

이런 과정들을 실행에 옮기기에는 너무 힘들지 않겠느냐고 생각할 수도 있지만 어느 정도 습관이 되고 나면 그다음부터는 거의 무의식중에 자동으로 이루어지게 된다. 결론적으로 이야기하자면 '배운 것을 되도록 빨리 반복하는 것'이야말로 어떤 의미에서든 공부의 효과를 극대화할 수 있는 가장 효율적인 방법이라는 것을 잊어서는 안 된다.

습관처럼 자주 복습하라

앞서 말한 '배운 것을 되도록 빨리 반복하라'는 것까지는 어느 정도 기억력 향상의 요령처럼 받아들이는 사람이더라도 '가능한 한 자주 반복하라'는 말은 마치 '공부를 열심히 하라'는 것처럼 너무 당연해서 오히려 아무런 감흥이 생기지 않는 말로 들을지도 모른다. 그렇지만 '우리가 필요한 모든 것은 유치원에서 배웠다'라는 말처럼 진리는 항상 그렇게 색다른 것도, 또 그렇게 어려운 것도 아니다.

배운 것에 대한 반복, 즉 복습을 가능한 한 자주 거듭하면서 공부한다는 것은 이론의 문제라기보다는 실천의 문제다. 누구나 알고 있고 너무나도 당연한 말이지만, 결국 그 결과를 판가름하는 것은 당사자의 실행 의지이기 때문이다.

이러한 실행 의지를 원활하게 하기 위한 최선의 방법은 습관화시키는 것이다. 잘 생각해보면 일상생활에는 그렇게 하지 않는다고 해서 당장에 큰일이 생기는 것은 아니지만, 오랜 습관 때문에 자연스럽게 반복하고 있는 일들이 많다. 이런 일들이 습관이 된 과정을 곰곰이 생각해보면 대개는 처음에 특별한 의문을 가지지 않고 같은 일을 반복했다는 것을 깨닫게 된다. 공부의 경우에도 좋은 성적을 내는 상위 그룹 학생들과 그 반대인 하위 그룹 학생들 간의 차이는 지능지수나 공부 시간보다는 공부 습관

지수에 차이가 있다는 주장까지 있을 정도다. 다행인 것은 이 습관지수가 선천적 요인의 영향이 큰 지능지수나 감성지수와 달리 후천적으로 바꾸어 고쳐나갈 수 있는 영역이라는 것이다.

결국 '가능한 한 자주 반복하라'라는 말도 일정 기간 맹목적으로 실행에 옮김으로써 이를 습관화하면 어느덧 아침에 세수를 하고 자기 전에 양치질을 하듯 자연스럽게 몸에 배게 할 수 있는 것이다.

기억을 위한 자극을 다양하게 해보자

인터넷을 보면 가끔 '쓰면서 외우기와 읽으면서 외우기 중 더 효과적인 방법은 무엇일까?' 하는 질문이 올라오는 것을 볼 수 있다. 사실 이에 대한 정확한 답은 없다. 사람에 따라 마치 혈액형이 다르듯이 본인에게 적합한 기억의 방식이 다르기 때문이다.

사람은 기억의 선호 방식에 따라 크게 듣고 외우는 기억에 강한 '청각형 학습자auditory learner', 보면서 외우는 기억에 강한 '시각형 학습자 visual learner', 쓰면서 외우는 기억에 강한 '운동감각형 학습자kinesthetic learner'로 나누어볼 수 있다. 이들은 혈액형 검사처럼 명백한 과학적 검사 방법으로 구별되는 것은 아니지만 개념적인 정의를 이해하기에는 큰 어려움이 없다.

일반적으로 평소 대화나 강의를 통해 청각적으로 전달되는 정보를 더 잘 기억한다든지, 음정이나 박자에 예민한 남다른 음악적 재능을 가지고 있는 사람이라면 청각형 학습자에 속할 가능성이 매우 크다. 마찬가지로 어떤 정보를 듣는 것보다는 팸플릿이나 차트처럼 시각 자료를 보는 것이 더 기억에 잘 남는 사람이나 미술 감상 능력이 뛰어난 사람들은 당연히 시각형 학습자에 속할 것이다. 또 말할 때 손을 자주 사용하거나 활동적인 면모를 보이는 사람의 경우에는 운동감각형 학습자일 가능성이 크다. 사람의 기억 학습형에 따라 어떤 사람에게는 쓰면서 외우는 것이 더 효과적일 수 있고 또 다른 사람에게는 보면서 외우는 것이 최선의 방법이 되는 것이다.

그런데 여기서 중요한 것은 모든 사람이 앞서 말한 세 가지 형으로 명확하게 분리되는 것이 아니라는 점이다. 즉 우리 대부분은 어떤 형태의 기억 학습 방법에 조금 더 기울어져 있는 것뿐이지 다른 영역에 속하는 학습 방법의 요소도 다 함께 갖추고 있다는 뜻이다. 이 때문에 청각형 학습자라고 해서 쓰면서 외우는 기억법이 전혀 효과를 보지 못하는 것은 아니며, 시각형 학습자라고 해도 얼마든지 듣고 외우는 기억법으로 기억력을 효과적으로 높일 수 있다. 거의 모든 사람이 정도의 차이는 있지만 각각의 요소들을 어느 정도는 다 갖추고 있는 셈이다.

일례로 나의 경우에는 그간의 오랜 경험을 통해 쓰면서 외우기에서는 상당한 효과를 보고 있는 반면 말하면서 외우기에서는 제대로 된 성과를 거두지 못한다고 느낄 때가 많다. 이런 것이 음악에 약하면서 어느 정도 활동가형에 속하는 나의 개인적 특성과도 꽤 관련이 있어 보여 혼자서 재미있어 할 때가 종종 있다.

그런데 여기에서 중요한 것은 청각 학습에 약한 나로서도 만일 쓰면서 외우기에 집중하면서 듣고 외우기까지 추가한다면 얼마든지 그 효과를 훨씬 더 증대시킬 수 있다는 점이다. 이는 암기를 위한 세 가지 기능 중 어떤 영역에서도 아무런 효과가 없는 '제로'라는 개념은 없기 때문이다.

결론적으로 사람마다 학습형의 차이에 따른 효과적인 암기법에는 어느 정도 차이가 있을 수 있지만, 근본적으로는 개인적 특성에 따라 듣고 외우는 기억법, 보면서 외우는 기억법, 그리고 쓰면서 외우는 기억법을 적절히 섞어 병행해가며 활용하는 것이 암기력을 극대화하는 최선의 기억법이 될 것이다.

도전에는 시작만 있을 뿐
끝은 없다

미련스럽게 계속하는 시시포스의 교훈

시시포스는 그리스 신화에 나오는 코린토스의 왕으로, 생전에
신들을 기만한 죄로 사후 영원히 바위를 산 위로 반복해서 밀어
올리는 형벌을 받은 인물이다. 발음에 따라 시지프스, 시지푸스,
시지프 등으로도 불리는데, 개인적으로는 학창 시절에 배운 '시
지프스'라는 발음이 가장 익숙하다. 여기서 갑자기 시시포스 이
야기를 꺼낸 데는 이유가 있다.

2011년 '1년에 네 개 외국어 고급 능력시험 합격하기'라는 버
킷리스트 프로젝트를 진행할 때였다. 네 가지 시험을 수개월 간

격으로 치를 때마다 해당 외국어는 스스로 생각해도 상당한 수준에 오른 것이 아닌가 하는 생각이 들었다. 그런데 그런 자신감도 한순간, 한 가지 시험을 치른 후 불과 보름 만에 그 언어에 대한 감각이 점점 옅어지고 있다는 것을 느끼게 되었다. 외국어를 열심히 공부해 얻은 귀중한 지적 자산이 사라진다고 생각하니 상당히 당황스러웠다.

그렇지만 냉철하게 한번 생각해보면 이런 현상은 일상생활에서 전혀 사용할 기회가 없는 외국어를 배울 때 어차피 겪어야 할 숙명과도 같았다. 만일 관련 공부를 약간이라도 게을리하거나 중단하는 순간에는 그간 공들여 쌓아놓은 실력이 단순한 정체가 아니라 매우 빠른 속도로 후퇴하는 것까지 경험하게 되는 것이다.

이런 현상은 보름 정도의 간격이 아니라 불과 하루 이틀 만에도 느끼는 경우가 있다. 시험 준비를 위해 평일 저녁에 격일로 프랑스어 학원과 스페인어 학원을 동시에 다니면서 공부할 때의 일이다. 프랑스어 수업을 마치고 집에 올 때쯤이면 실력이 또 약간 늘었다는 느낌으로 꽤 흐뭇해졌지만 다음 날 스페인어 수업을 열심히 듣고 난 뒤에는 불과 하루 이틀이 지났을 뿐인데도 벌써 그다음 날 프랑스어 공부가 약간 생소하다는 느낌을 가질 때가 종종 있었다. 이런 현상은 바닥을 다지는 초기 과정에서 더욱 두드러졌다.

상황이 이럴 지경이므로 외국어 공부를 열심히 하다가 수개월 내지 1~2년 가까이 공부를 중단한다는 것은 무엇을 뜻하는지는 굳이 설명하지 않더라도 너무나도 자명한 일이다.

외국어 공부를 할 때 토끼와 같이 빨리 목표점에 도달할 수 있는 능력과 거북이처럼 꾸준히 자신이 정한 길을 가는 끈기를 동시에 가지고 있으면 그것만큼 이상적인 경우는 없을 것이다. 그러나 현실에서 그런 행운을 누릴 수 있는 사람은 매우 드물다는 것이 주지의 사실이다. 그럴 바에는 차라리 우화의 거북이처럼 비록 순간순간에는 성과가 미약하더라도 꾸준히 앞을 향해 나아가는 사람이 결국 목표를 이루는 것이지, 토끼처럼 자만하거나 게으름 때문에 쉽게 포기하는 경우에는 제대로 된 결과를 결코 얻을 수 없다는 것은 새삼 강조할 필요도 없다.

더구나 외국어 공부를 하다가 중단하는 것은 이솝 이야기의 토끼가 겪은 것보다 훨씬 더 나쁜 결과를 초래한다. 우화에서의 토끼는 만일 다시 뛸 수 있는 기회가 주어진다면, 경주를 중단하고 쉬고 있던 바로 그 장소에서 다시 정신을 가다듬고 출발하면 된다. 그렇지만 외국어 공부를 일시적으로 중단했다가 다시 시작하는 경우에는, 멈춘 그 자리에서 다시 출발할 수 있는 것이 아니다. 그보다 훨씬 뒤로 가서 새롭게 시작할 수밖에 없는 것이다.

즉 우화에서의 토끼와는 달리 공부에서는 기억력의 특징 때문에 공부를 중단하는 순간 자기도 모르는 사이에 중단 지점으로부터 하루가 다르게 점점 뒤로 밀려가게 되는 것이다. 최악의 경우에는 아예 맨 처음의 출발점에서 다시 시작해야 하는 불상사까지 생기게 된다. 이렇게 되면 오로지 우리 머릿속에는 한때 외국어 공부를 했다는 희미한 추억만이 남을 뿐이고 그동안 애써 만들어놓은 모든 성과는 그야말로 물거품처럼 허무하게 사라지게 되는 것이다.

꾸준히 공부하는 나에게 높은 점수를!

이런 명백한 사실에도 학원에 오래 다니다 보면 공부를 쉽게 그만두는 수강생을 많이 만난다. 이런 학생들은 흔히 그러다가 어느 날 다시 시작하고 또 다시 그만두는, 마치 다이어트에서의 요요 현상과도 비슷한 안타까운 시행착오들을 반복하게 된다.

중국어를 배운 지 얼마 되지 않았을 때인 2006년도의 일이다. 같이 수업을 듣는 학생 중에 50대 전후로 짐작되는 회사원이 있었다. 당시 학습 기간이 1년도 채 되지 않은 나에 비해서는 실력이 좋아 보였지만, 수년간 배우고 있다는 그의 공부 이력에 비해서는 그렇게 잘한다고 볼 수 없는 정도였다.

그런 그와 휴식 시간에 자판기 커피를 마시며 이런저런 잡담을 나눌 때였다. 그는 자신의 지지부진한 진도에 다소간 민망해하면서도 "현재 실력은 비록 이렇지만 어쨌든 수년 동안 계속해서 공부한다는 사실에 스스로에게 높은 점수를 주고 싶다"라고 담담히 이야기했다. 그 말을 듣는 순간 속으로 '바로 이 말이 어학 공부의 핵심이요, 모든 것이구나!'라는 생각이 절로 들었다. 그리고 이 말은 지금까지 나의 오랜 어학 공부 여정에서 강렬한 자극과 원동력이 되고 있다. 따지고 보면 단기간의 성과에 아랑곳하지 않고 꾸준히 계속하려는 마음가짐만 있으면 결국은 이루지 못할 것이 무엇이 있겠는가. 물론 드러난 결과에는 사람에 따라 차이가 있겠지만 적어도 스스로에게 부끄러움은 생기지 않을 것이다.

외국어 공부를 중단하는 사람들에게는 각자의 말 못할 사정들이 다 있을 것이다. 그러나 그 사정이 피치 못할 것이 아니라 단지 단기 성과가 제대로 나오지 않는 것에 대한 일시적 좌절이나 의지의 문제라면 절대 포기하거나 중단해서는 안 된다는 것을 명심해야 한다. 흔히들 시작이 반이라고 하지만 이는 어디까지나 그 일을 계속할 때의 이야기다. 만일 중간에서 포기한다면 시작의 의미마저 퇴색되기 때문이다. 그야말로 조선 후기의 시조 작가인 김천택의 시조 구절처럼 "가다가 중단하면 아니 감만 못하리라"가 되는 것이다.

'포기도 전략이다'라는 자주 인용되는 표현이 있다. 그러나 이 것은 어디까지나 주식시장과 같은 특수한 상황에서의 전략적 선택에나 해당하는 말이지 어학 공부의 본질적 측면에서는 절대 허용되어서는 안 되는 개념이다. 또 한때 유행했던 속담 비틀기 중에서 '중간에 포기하면 그때까지는 배운 것이다'라는 말도 있는데, 이 말 역시 어학 공부에는 전혀 해당되지 않는 소리다. 공부를 포기하는 순간 그동안 쏟았던 노력과 시간이 아무런 보람도 흔적도 남기지 않고 아픈 추억만을 남기고 사라지면, 앞서 말한 김천택의 시조 속의 "잘 가노라 닫지 말며, 못가노라 쉬지 말라"와 "가다가 중단하면 아니 감만 못하리라"가 우리에게 주는 교훈을 뼈저리게 되새기지 않을 수 없게 될 것이다.

다시 한번 강조하자면 어학 공부는 천재적 재능이나 반짝이는 재치로 승패가 갈리지 않는다. 절묘한 전략이나 세밀한 작전 같은 것은 더더욱 필요하지 않다. 그냥 우직하게 미련스러울 정도로 계속하는 것만이 공부에서의 궁극적인 승리를 가져오게 하는 알파요 오메가다.

이런 점에서 어학 공부는 앞서 말한 신화 속의 시시포스와 전체적인 고행(?)의 과정에서 어느 정도 비슷한 점이 있다고 볼 수 있다. 그러나 결정적으로 다른 점은 그 가치와 보람에 있다. 시시포스는 타의에 의해 강제적으로 전혀 의미 없는 고행을 무한 반복해야 하지만, 외국어 학습자는 뚜렷한 목표 아래 남다른 성취감을 맛보며 스스로 고행에 뛰어든 것이다. 이런 차이점에도 나또한 종종 자문해볼 때가 있다. '이 도전의 시작은 알고 있는데

끝은 과연 어딜까? 끝이 없다고 보는 게 옳겠지. 내가 혹시 전생에 그리스인이었는데 신들 중 누군가를 단단히 골탕 먹인 적이 있었나?'라고.

은퇴 후 4년간 4개국 어학연수

2019년 8월 마침내 정년을 맞이하게 되었다. 정년을 3년 정도 앞둔 어느 날 와이프가 문득 한마디를 던졌다. "정년퇴임하면 어학연수를 한번 해보는 건 어때요?" 뒤늦게 시작한 어학 공부에 대한 나의 열정을 평소 옆에서 지켜보다가 생각한 끝에 남편에게 주는 퇴임 기념 선물이라고 했다. 처음에는 웃어넘겼지만 생각할수록 그것이 짧지 않은 어학 공부 여정에 유종의 미를 찍는 일이며 그동안의 노력에 체면을 살리는 길이라고 여겨졌다.

결심이 서자 구체적인 계획을 짰다. 오랜 숙고 끝에 2019년 8월 정년퇴임 후 반년간의 준비를 거친 뒤 2020년 3월부터 스페인어, 프랑스어, 중국어, 일본어 순서로 각각 3개월씩 어학연수를 하고 중간중간 3개월씩 재충전 기간을 갖는 총 2년의 계획을 세웠다. 그리고 이 계획을 2019년 8월 말, 서울의대 정년퇴임식장에서 자리를 빌려 공개적으로 천명했다.

그렇게 해서 마침내 정년 이듬해인 2020년 3월 2일 스페인어 연수를 위해 당시 코로나 청정국이었던 페루로 출국했다. 현지에서의 어학원 수업은 바라던 대로 순조롭게 시작되었다. 그런데 이후 코로나19 팬데믹으로 순식간에 엄청난 변화가 찾아왔다. 전혀 예상하지 못했던 전격적인 국가비상사태 선언으로 수업을 시작한 지 불과 일주일 만에 어학원 폐쇄는 물론 전 국경이 봉쇄되는 상황을 맞이하게 된 것이다. 결국 온라인 수업을 해가며 3개월의 어학연수 기간이 무려 8개월로 연장되었다. 당시의 상황으로는 설사 페루에서의 어학연수를 빨리 마무리 짓는다고 해도 후속으로 프랑스어, 중국어, 일본어 연수 등을 제대로 진행할 수 없는 형편이었다.

그야말로 우여곡절 끝에 페루에서의 어학연수 과정을 잘 마치고 2020년 11월 초에 무사히 귀국했다. 이후 2주간의 자가격리를 끝내고 몸이 자유로워지면서부터 바로 이듬해의 프랑스어 연수 준비에 본격적으로 착수했다.

그러는 동안 고심 끝에 연수 계획을 약간 수정했다. 가장 큰 변화는 애초에 3개월로 예정되어 있었던 연수 기간을 6개월 가까이로 늘린 것이었다. 이유는 세 가지였다. 하나는 어쩔 수 없이 예상보다 길어졌던 지난 페루에서의 연수 기간과 어느 정도 균형을 맞추고 싶은 바람에서였고, 또 다른 하나는 프랑스어 연수를 애써 3개월에 맞추어 끝낸다 한들 2021년도 당시의 상황을 감안할 때 그다음 계획한 중국어나 일본어 연수 일정을 제대로 진행하기가 불가능할 것이라는 판단에서였다. 마지막 세 번째 이유로는 2020년도 페루에서의 어학연수 경험으로 이 나이에도 반년 정도 이어지는 어학연수 스케줄을 충분히 소화할 수 있다는 자신감이 생긴 것도 빼놓을 수 없었다.

그렇게 해서 2021년 4월에서 10월까지 6개월간 프랑스에서 네 번째로 큰 도시인 남서부의 툴루즈에서 성공적인 어학연수를 끝내고 귀국했다. 무엇보다도 출발 전의 목표였던 어학원 최고 급반인 C1반에서 각종 평가를 통과하고 장기간 수업을 듣게 된 결과가 무척 흡족했다.

프랑스어 능력 평가 시험 중 국제 공신력을 최고로 인정받고 있는 'DELF/DALF(델프/달프)'는 '유럽 공용 외국어 등급표'에 따라 A1, A2, B1, B2, C1, C2의 여섯 단계로 나누어져 있다. 프랑스 현지 어학원에서도 모두 이 기준에 따라 학생들의 반을 정하고 수업을 진행한다. 나는 2011년에 이미 '1년에 네 개 외국어 고급 능력시험 합격하기'에 도전해 'B1' 자격증을 취득했다. 당시 일본어와 중국어에서는 최고 등급에 합격했고 프랑스어와 동일한 등급 체제의 스페인어에서도 'B2' 레벨에 합격했으나 발음과 청취에서 자신감이 떨어졌던 프랑스어에서만큼은 그 이상의 등급 도전이 무리라고 판단했다.

툴루즈 어학원에서 처음에는 온라인 시험 성적과 과거의 B1 자격증을 근거로 'B2 1반'에 배정되었는데 일주일 만에 담당 선생님의 평가를 토대로 한 단계 윗반인 'B2 2반'으로 월반했다. 그렇게 B2 2반에서 본격적인 수업을 듣기 시작했는데, 수업 내용이 어려워진 만큼 이에 따르는 중압감도 상당했다. 무엇보다도 일주일 단위로 끊임없이 평가가 이루어진다는 점이 가장 큰 스트레스였다. 각종 숙제와 퀴즈형 시험은 물론, 한 달에 한 번씩은 아예 델프/달프 평가 기준에 맞춰 나에게는 필요도 없는 작문 시험까지 치러야만 했다. 이제 나이도 어느 정도 들었고 하니 시험이라는 압박감에서 벗어나 회화 위주로 공부하고 싶다고 쉽게 생각했는데 '이게 웬일인가!' 하는 생각이 들 정도였다.

그러나 일단 주어진 상황을 피해 갈 수는 없었다. 나를 제외하고는 전원 20~30대(심지어 19세까지)인 학우들도 각자 저마다의 사연을 지니고 열심히 공부에 임했다. 대부분 취업이나 진학을 목표로 현지에서 장기체류 중인 사람들이거나 프랑스인과 결혼해 가정을 꾸리고 있는 사람들이었다.

나의 약점이 발음과 청취력이라면 강점은 문법과 독해력, 그리고 발군의 어휘력이었다. 발음은 프랑스어의 특성상 나와 비슷하게 곤란을 겪고 있는 학생들도 적지 않았다. 그런데 청취는 청취력 자체를 떠나 이제는 집중력 저하가 더 큰 문제였다. 긴장하며 애써 듣는 시간이 조금만 지나면 어느새 정신이 산만해지는 것을 느끼게 되었다. 이런 가운데 어휘력은 큰 무기가 되었다. 동료 학생들도 수업 중에 모르는 단어가 나오면 자동으로 나를 쳐다보았고, 평소 어휘력의 중요성을 강조하는 선생님들도 나를 향해서는 모르는 단어가 없다고 칭찬을 아끼지 않았다.

그런 가운데 수업 7주 만인 6월 21일 드디어 대망의 'C1반'에 진입했고 마지막 20주가 될 때까지 이 반에서 공부했다. 53세에 프랑스어 공부를 시작해서 70세를 바라보는 나이에 이 정도 성과를 거두었으니 그 즐거움이 이루 말할 수가 없었다.

2021년 10월 초 프랑스에서 귀국 후 이제 남은 것은 중국어와 일본어였는데, 생선 굽기의 나머지 절반처럼 이 두 나라에서의 어학연수는 거리도 가깝고 심리적으로도 가벼운 느낌이 들었다. 그런데 구체적으로 알아보니 단순한 지리적 거리는 문제가 아니었다. 특히 중국에서는 이른바 '제로 코로나' 정책으로 인한 엄격한 입국관리로 당분간 계획대로 어학연수를 진행하는 것이 불가능했다.

이때 일본이 좋은 대안으로 떠올랐다. 일본은 한때 방역 후진국이라는 비아냥을 들을 정도로 환자가 급증하다가 올림픽이 끝나고 2021년 9월말부터는 신규 확진자 수가 현저히 감소했다. 이후에도 환자가 점점 줄어들자 2021년 11월 8일부터는 비즈니스 목적 입국과 함께 유학생 비자를 재개한다고 공식 발표했다. 이에 힘입어 나도 그간 행정 대행 유학원을 통해 2022년 4월 초에 시작하는 6개월 어학연수를 목표로 착착 수속을 진행했고, 숙소도 이모저모로 알아보았다. 모든 상황이 순조로워 보였고 어떤 문제도 생길 여지가 없어 보였다.

그런데, 그런데…… 웬 이름도 이상한 '오미크론'이라는 것이 얼마간 수상쩍게 뉴스에 등장하더니…… 급기야 11월 29일 일본 총리의 발표로 다시 외국인 전면 입국 금지 조치가 되고 말았다. 입국 제한이 풀린 지 불과 3주 만의 일이었다.

그야말로 날벼락 같은 상황으로, 적어도 3~4개월 전부터 비자 발급에 필요한 각종 준비를 본격적으로 해야 하는 입장에서 시시각각으로 변하는 오리무중의 상황이 안타까울 수밖에 없었다. 당시 이미 체류 자격을 받고도 입국하지 못하고 있는 외국인들이 약 40만 명이었는데 이중 15만 명이 유학생이라는 통계도 나왔다.

그 후 천만다행으로 오미크론 유행이 다소 수그러들자 일본 정부는 2022년 3월 1일부터 다시 관광을 제외한 비즈니스와 유학 목적의 입국을 재허용하는 지침을 발표했다. 우여곡절 끝에 얻은 마지막 기회였다. 누군가는 절박할 이유도 없는데 여유 있게 기다리다가 갈 수도 있지 않느냐고 말할 수도 있겠지만 공부에도 리듬이라는 것이 있다. 4년간 4개국을 돌며 네 개 외국어에 대한 현지 어학연수를 추진해온 입장에서 정해진 호흡을 유지하며 공부를 이어나가는 것이 바람직한 결실을 위해 무엇보다도 중요하다고 생각했다. 어쨌든 운 좋게 주어진 기회를 놓치지 않고자 유학원의 세심한 도움을 받아가며 비자 발급을 포함해 항공편과 숙소 예약, 어학원 등록 등 제반 절차를 진행해나갔다.

마지막 남은 고비는 출국 전의 PCR 검사였다. 그동안 백신도 세 차례 맞고 일상생활에서도 나름대로 주의를 기울였지만 그것만으로 안전을 보장해주는 것이 아님은 상식적인 일이었다. 지하철도 탔고 헬스클럽에 가서 열심히 운동도 했다. 이런저런 이유로 어쩔 수 없이 접촉한 사람만 해도 한둘이겠는가. 게다가 하필이면 2022년 3월 들어 국내 오미크론 상황이 대유행의 정점으로 치달으며 하루에 60만 명이 넘는 확진자가 생기는가 하면 일 평균 30~40만 명의 확진은 일상이 되고 있었다. 이런 상황을 감안하면 이른바 무증상 감염 역시 누구에게나 닥칠 수 있는 일이었다. 인터넷 사이트에서도 양성 진단으로 일본 입국을 연기했다는 안타까운 사연이 계속 소개되었다. 무척 긴장되었지만 다행히 이번에도 검사에서 무사히 음성 판정을 받았다.

그렇게 해서 2022년 4월부터 6개월간 무사히 일본 어학연수를 마쳤다. 그냥 마친 것이 아니라 도쿄에서 가장 규모가 크다는 어학원에서 수없는 필기시험과 구두 평가를 거쳐 최고급 수준의 반까지 진급했다. 그 어학원에서 30년 가까이 근무하고 있다는 한 선생님은 나와 같은 연배의 학생을 여태껏 본 적도 없고 또 그런 학생이 최고급반에서 수업을 받는다는 것은 생각할 수도 없었다고 찬탄을 아끼지 않았다. 나로서는 2020년 페루에서의 스페인어 연수, 2021년 툴루즈에서의 프랑스어 연수에 이어 세 차례 연속으로 해당 어학원에서의 최고급 과정을 수강한 셈이었다.

이 글을 쓰고 있는 현재는 2023년 봄부터 시작될 중국어 어학연수 준비에 한창이다. 4년간 네 개 외국어 어학연수 대장정의 마지막 단추인 셈인데 개인적인 노력은 당연한 일이겠지만 부디 유종의 미를 거둘 수 있기를 겸허하게 하늘에 빌어본다.

3장

20대가 부러워하는
중년의 몸 공부

2008년 연말에 열린 서울대병원 흉부외과 송년회에서 많은 사람이 모인 가운데 마이크를 잡고 느닷없이 다음과 같은 약속을 했다. "내년에 열심히 운동과 다이어트를 해서 몸을 만든 뒤 그럴듯한 바디프로필 사진을 찍어 여러분들에게 메일로 보내드리겠습니다."

꾸준함과 끈기로 일궈낸 다이어트와 건강

2011년 봄, 앞서 말한 〈신동아〉에 실은 버킷리스트를 계기로 그로부터 1년 후인 2012년까지 네 개 외국어 고급 어학 능력시험에 모두 합격하고 동시에 그럴듯한 몸을 만들어 사진첩을 만든 뒤 가까운 사람들에게 나누어주겠다고 약속했다. 일단 결심이 서자 늘 그렇듯 스스로에 대한 약속에 속박을 주기 위해 주변 사람들에게 공공연히 도전 목표와 내용을 알리기 시작했다.

처음 이야기를 들은 사람들의 반응은 다양했다. 친구들은 '도대체 이게 무슨 소리인가' 하고 터무니없어 했고 그나마 내 눈치를 조금이라도 봐야 할 사람들은 못 믿어하면서도 '대단하다'라는 모호한 반응을 보였다. 당시 같이 근무하던 어떤 간호사는 불쑥 "교수님, 사서 고생을 하시네요"라고 이야기를 건네기도 했다. 나도 그 말을 듣고 덩달아 "정말 그렇지. 말도 안 되는 목표지?"라고 어물쩍 넘겼지만, 그때만 해도 그런 버킷리스트가 과연 지켜질 수 있는 성격의 것인지는 나 자신도 반신반의였다.

사실 그 약속은 그때가 처음이 아니었다. 그로부터 3년 전인 2008년, 연말에 열린 서울대병원 흉부외과 송년회에서 많은 사람이 모인 가운데 마이크를 잡고 느닷없이 다음과 같은 약속을 했다. "내년에 열심히 운동과 다이어트를 해서 몸을 만든 뒤 그럴듯한 바디프로필 사진을 찍어 여러분들에게 메일로 보내드리겠습니다."

치밀한 계획을 세우고 한 이야기는 아니었다. 다만 앞서 이야기한 대로 2003년 무렵 나이 50세가 넘자 새로운 마음으로 근력운동을 재개했고, 그 후 5년쯤 되어가는 시점에서 계속 운동을 이어갈 추가 자극과 동력이 필요하다고 생각하던 차였다. 그런 상황에서 송년회 때 술기운까지 약간 얼근하게 오른 틈에 그만 호기롭게 공개적인 약속을 하고 만 것이었다.

사실 이런 종류의 약속은 듣는 사람 입장에서는 특별히 귀담아들을 만한 이유가 전혀 없지만 내 나름대로는 계산한 것이 있었다. 어릴 때부터 성격상 약속에 대한 강박이 있어서 일단 내뱉은 말은 상대의 반응과 관계없이 나의 명예를 위해서라도 웬만해선 지켜야 한다고 늘 생각해왔다. 이런 성격을 이용해 과거에도 이루고 싶은 일이 있을 때 먼저 남 앞에서 공개적으로 선언하고 나서 성과를 거둔 적이 여러 차례 있었다. 이러다 보니 심지어 의도적인 공개 선언 및 성과와는 전혀 관계가 없는 약속 강박 신드롬의 후유증(?)까지 생길 정도였다. 이를테면 교수 초창기 시절 앞으로 공부에 방해가 되는 골프 같은 운동은 하지 않을 것이라고 주위에 몇 차례 이야기한 적이 있었다. 그 말을 유심히 새겨들은 사람은 아무도 없었지만 스스로 한 약속이라고 생각해 그 후 수많은 권유와 유혹에도 불구하고 지금까지 골프를 치지 않고 있다.

그 이듬해인 2009년, 몸이 웬만큼 만들어졌다고 판단했을 때 드디어 사진을 찍기로 결정했다. 그러나 너무 요란스러운 과정을 거치기에는 왠지 쑥스러운 기분이 들어 과 내에서 평소 사진에 관심이 있다고 알려진 한 전공의에게 조용히 촬영을 부탁했다. 그 전공의는 그런 종류의 사진은 찍어본 적이 없었지만 교수의 애틋한(?) 부탁을 차마 거절하지는 못하고 책과 인터넷으로 공부해서라도 찍어보겠다고 나섰다. 촬영 장소로는 대학로의 작은 사진관을 빌렸다.

드디어 촬영 날인 어느 토요일 오후, 비록 모델도 사진기사도 둘 다 초보였지만 나름 최선을 다해 촬영에 임했다. 그리고 최종 사진 중 마음에 드는 두 장을 골라 약속대로 서울대병원 흉부외과 과원들과 동문들에게 메일로 발송했다. 반응은 폭발적이었다.

내친김에 가장 마음에 드는 한 장을 대형 액자로 만들어 병원 연구실 벽에 걸어두고 혼자서 흐뭇하게 바라보기도 했다. 그런데 마침 한 일간지의 건강 전문 기자가 우연히 연구실에 들렀다가 그 사진을 보고 기사화하면서 대외적으로 '몸짱 교수'로 소문이 나기 시작했다.

그리고 그로부터 3년이 지난 시점에서 다시 한번 도전에 나선 것이다. 공신력 있는 잡지에 버킷리스트를 공표해 공개적인 구속력을 갖추었다고 하지만 진짜 이유는 단 하나였다. 끝이 있을 수 없는 지루하리만치 길고 긴 운동의 과정에서 중간 목표를 정하고 스스로에게 동기부여를 가하는 것이었다.

내가 오랫동안 해오고 있는 근력운동과 달리기는 골프, 테니스, 축구 등 단체 운동에 비하면 재미도 없고 무미건조한 운동이다. 오로지 나만이 느낄 수 있는 활력 상승과 건강 증진의 효과가 즐거워 이어나가고는 있지만, 설렁설렁 제대로 하지 않는다고 나무랄 사람도 없고 그만둔다고 책망할 사람도 없다. 게다가 운동선수들처럼 확실한 단기 목표가 없는 것도 문제였다. 올림픽 메달을 노리거나 대회 우승을 바라는 등의 목표가 있으면 적어도 그때까지는 운동에 매진할 동력이 된다. 그러나 우리 같은 일반인들은 그런 특별한 자극이 있을 수 없다. 물론 건강을 위한다는 가장 멋진 명분이 있지만 그 끝이 어딘지 보이지도 않고, 눈에 보이는 변화도 처음 기대만큼 극적이지 않은 채 더디기만 하다. 이러니 운동을 하러 갈 때마다 '오늘은 그냥 쉴까' 하는 마음 속 유혹이 각종 변명과 핑계의 후원 속에서 덜미를 잡히게 된다.

50대 중반이었던 2008년에 이어 50대 후반이 된 2011년에 두 번째 몸만들기에 도전한 것도 이런 정신적 나태를 극복할 훌륭한 돌파구였다. 주기적으로 어떤 목표를 설정하고 이를 수행하려고 노력하는 과정에서 끝이 있을 수 없는 기나긴 운동의 과정을 슬기롭게 이어가보자는 나름대로의 고육책이었던 것이다.

그렇게 해서 무려 1년간에 걸친 점진적인 다이어트와 함께 2012년 다시 한번 바디프로필을 찍게 되었다. 급격한 다이어트는 몸에도 좋을 리 없지만 주위 사람들이 해쓱해진 얼굴을 보고 '무슨 큰 병이 생긴 게 아니냐', '요즈음 얼굴이 그게 뭐냐, 나이 들어서는 혈색이 좋아야 하는데' 등 오지랖을 부리기 시작하면 자칫 초심이 흔들릴 수도 있기 때문이었다. 이번에는 2009년도와는 달리 사진 촬영 전에 기계 태닝도 받고 사진도 바디프로필 전문가에게 맡겼다. 몸에 촬영용 오일을 바를 때는 마땅히 도와줄 만한 사람이 없어 아내가 촬영장까지 동행해 오일도 발라주고 포즈 및 의상까지 조언해주었다.

마침내 나온 사진 중 마음에 드는 몇 장을 골라 '몸과 혼魂'이라는 제목을 달아 작은 팸플릿을 만들었고 주위 사람들에게도 선물로 나눠주었다. 더욱 즐거운 일도 생겼다. 바로 그 사진첩 때문에 2012년 11월 7일자 〈중앙일보〉의 인터넷 기사에서 당시

오바마 대통령의 재선 성공 속보 기사를 당당히 누르고 나에 대한 기사가 1면 톱으로 등장한 것이다. 이 작은 쾌거는 나에게 두고두고 아름다운 추억으로 남았다.

2019년 드디어 대학 교수로서 정년을 맞게 되었다. 그 후에는 6개월간의 준비 기간을 거쳐 4개국 어학연수의 대장정을 떠날 예정이었기 때문에 이런 뜻깊은 계기를 맞아 운동에서도 또 하나의 매듭을 지으면서 새로운 동력을 얻고 싶었다. 그래서 정년 1년 전쯤부터 생각해둔 대로 오랫동안 정들었던 수술복 하의를 입고 상반신을 노출한 콘셉트의 사진을 찍었다. 사진 속의 몸 상태에 대한 객관적인 평가가 어떻든 50대부터 새롭게 만든 몸을 꾸준히 다듬어 60대 중반에도 건재할 수 있다는 사실에 무척 만족했고, 동시에 앞으로 또 다른 매듭의 굳건한 바탕이 되길 경건하게 빌었다. 물론 이 글을 쓰고 있는 지금도 오랜 습관으로 형성된 인생의 반려로서의 규칙적인 운동을 게을리하지 않고 있다.

비법 없이
성과를 얻는 비법

내가 바쁜 일상 중에도 50대 중반을 넘어서 열심히 운동으로 몸을 만들고, 그 기념으로 사진을 찍으며 대외적으로 소문까지 나자 어느 날 어떤 지인이 은근히 물어왔다. "김 교수! 도대체 바쁜 사람이 그 나이에 이런 몸을 유지할 수 있는 비결이 뭡니까?" 내가 웃으면서 "특별히 비결이라고 할 만한 것은 없습니다"라고 대답하자 다시 되묻는 말이 걸작이었다. "음, 그러면 특별한 비결 없이도 그런 몸을 갖게 된 비결은 과연 무엇입니까?" 이처럼 많은 사람이 비결에 목말라하고 있다.

비법秘法 또는 비결秘訣이란 말은 사전적 의미로는 '세상에 알려져 있지 않은 자기만의 뛰어난 방법'을 뜻한다. 요즈음과 같은 첨예화된 경쟁사회에서 만일 다른 사람들은 전혀 모르는 자기만의 숨겨진 특별한 무기가 있다면 세상을 살아가는 데 얼마나 유리할 것인지는 불문가지의 사실일 것이다. 이 때문에 어떤 분야에서건 일정한 성과를 얻어보려고 애쓰는 사람들에게 '비법'이란 그 실체의 존재 유무와 관계없이 들을수록 가슴을 두근거리게 하는 단어다.

돌이켜보면 인류의 역사는 사람들이 비법을 찾기 위해 노력하는 가운데 발달한 것이 아닐까 싶다. 이는 인류 초기 문명의 태동에서부터 컴퓨터와 인터넷으로 상징되는 현대의 첨단과학에 이르기까지 세상의 많은 발전이 어떻게 하면 남보다 편리하게, 남보다 쉽게, 남보다 효율적으로 일을 해결할 수 있을까 하는 비법을 찾기 위한 온갖 궁리에서 원동력을 얻은 것이기 때문이다. 우리 일상생활의 여러 일에서도 비결을 찾고자 하는 간절한 심리가 현실적인 발전으로 이어지는 사례들은 여기서 굳이 나열할 필요가 없을 정도로 많다.

그러다 보니 현대에 와서는 비법에 대한 사람들의 집착이 더욱 강해져, 이제는 크고 작은 일상의 모든 일에서 마치 비법 없이는 아무 일도 해나갈 수 없을 것 같은 인식이 팽배해져 있다. 학원이나 인터넷에서 일타강사를 찾아나서는 심리도 이와 무관하지 않으며, 심지어 운과 확률의 관점에서만 생각되는 로또에서도 당첨의 비법이 있다고 믿는 사람이 있을 정도다.

이토록 비결에 목마른 수많은 이에게 특히 몸만들기에서의 비법은 언제나 큰 관심사다. 나이에 관계없이 멋들어진 몸과 건강한 체력을 가지고 싶은 것은 많은 사람의 꿈이지만, 실제 바라는 성과를 거두는 사람이 적은 것은 그만큼 적절한 몸 관리가 얼마나 어려운 일인지를 여실히 보여준다. 비법에 매달리고 싶어 하는 심리도 바로 이런 이유 때문일 것이다.

　그런데 문제는 몸 관리에 정말 '비법'이라는 것이 존재하느냐는 것이다. 만일 비법이라는 것이 실체가 없는 한낱 허황된 꿈에 지나지 않는다면, 마치 옛날 불로장생의 비결이라는 신기루를 좇아 불로초를 찾으러 신하들을 보냈던 진시황처럼 아무런 성과 없이 시간과 비용만 낭비하는 결과를 초래할 것이다. 그러나 이와 반대로 만일 비법이라는 것이 어떤 형태든 실제로 존재하고 있다면, 이를 남보다 하루라도 빨리 아는 것이 자신의 꿈과 목표를 이루는 데 가장 효율적인 방법이 될 것이다.

　그렇지만 결론적으로 이야기하자면, 무슨 일이든 마치 무협지의 주인공처럼 어떤 동굴에서 무술 비결이 쓰인 책을 발견한 뒤 이를 독파함으로써 사흘 만에 절정 고수가 되는 식의 비법은 있을 수가 없다. 모름지기 세상일은 상식적으로 어떤 결과를 얻기 위해 반드시 그에 상응하는 노력이 뒷받침되어야 하는 것이 원칙이다. 심지어 하늘에서 난데없이 떨어진 복이라고 흔히 이야기하는 로또복권 당첨조차 그만큼 남다른 노력이 수반되어야 가능하다고 주장하는 사람까지 있지 않은가? 그러나 그렇다고 해서 비법을 갈망하는 주위의 기대를 무시하고, 계속해서 '꾸준히 노력하는 것만이 확실한 방법이다'라는 원칙적 주장만 반복한다면 이 또한 어떤 길을 조금 먼저 경험한 사람으로서의 올바른 태도는 아니라고 생각한다. 그래서 여기서는 '비법이 없으면서 성과를 얻은 비법', 즉 '비법 아닌 비법'을 나의 경험을 바탕으로 이야기해보고자 한다.

먼저,
자기 자신을 알라

그리스의 위대한 철학자 소크라테스는 일찍이 '너 자신을 알라'
라고 설파했고, 동양의 대전략가였던 손자도 불후의 명저《손자
병법》에서 "남을 알고 자신을 알면 백번을 싸워도 위태롭지 않
다"라는 유명한 말을 남겼다. 물론 이 심오한 격언들이 오늘날
개인의 건강과 운동에 관련된 일을 염두에 두었을 리는 만무하
지만, 진리는 동서고금을 넘어 만사에 통용될 수 있듯이 이 현자
들의 조언은 오늘날 운동과 건강에 대한 이론에서도 유용하게
적용될 수 있을 것이다.

운동으로 건강을 향상한다는 지고한 목표를 슬기롭게 달성하
기 위해서는 먼저 자신을 아는 것, 즉 자신의 몸 상태를 정확하게

파악하는 것이 무엇보다 중요하다. 이를테면 아무리 등산이 좋은 운동이라 하더라도 아무런 준비가 되어 있지 않은 일반인이 느닷없이 히말라야산맥에 웅장하게 솟아 있는 8,000미터급 고산 등정을 시도하는 것은 자살 행위와 다름없을 것이다.

또 중년을 지난 나이에도 어느 정도의 근력운동을 하는 것이 건강한 삶을 위해 필수란 말을 듣고, 그때까지 제대로 된 무게 운동을 전혀 경험해보지 못한 사람이 갑자기 열심히 역기를 들다 그만 근육통이 생겨 몇 주간 통증과 씨름하게 된다면 얼마나 어리석은 일이겠는가? 마찬가지로 건강을 위한답시고 어느 날 작심하고 달리기를 한 다음 발과 무릎에 무리가 와 오랫동안 제대로 걷지도 못하는 경우가 생긴다면 이 또한 참으로 안타까운 일일 것이다.

이처럼 건강을 위한 운동을 계획할 때의 예가 아니더라도, 어떤 일을 도모할 때 본인의 육체적, 정신적 상태나 처해 있는 환경 등을 미리 고려하는 것은 우리 생활에서 벌어지는 모든 일의 기본이다.

고질적으로 공격은 강한데 수비가 약해서 항상 성적이 좋지 않은 축구팀이 있다고 가정해보자. 결국 감독이 부진한 성적에 대한 책임을 진 채 물러나고 새로운 감독이 부임하게 되면, 이 새 감독은 팀의 체질을 개선하기 위해 일차적으로 단점인 수비 부문을 보강하는 것이 지극히 당연한 논리일 것이다. 자기 몸에 대한 이해도 이와 크게 다르지 않다.

그러면 자기 자신의 몸 상태를 정확하게 파악할 수 있는 방법에는 과연 어떤 것이 있을까? 일반적인 관점에서는 크게 '겉모습 알기', '몸 쓰는 능력 알기', '질병 상태 알기'의 세 가지로 나누어 생각할 수 있다.

나의 겉모습 알기

운동을 본격적으로 시작하기 전 자신의 몸 상태를 가장 쉽게 파악하는 방법은 겉으로 드러난 나의 모습을 보는 것이다. '뚱뚱하다', '말랐다', '근육형이다', '과체중이다', '지방이 많다' 등으로 한눈에 파악할 수 있기 때문이다. 그렇다고 해서 이런 식의 막연한 표현만으로는 자기 몸에 대해 정확한 판단을 내리는 데 한계가 있다. 더 세밀하면서도 과학적인 근거를 가진 평가가 필요하다는 의미다.

자신의 겉모습에 대한 세부적 평가는 '몸의 짜임새'와 '몸의 형태(체형)'라는 두 가지 영역으로 나누어 생각하면 편리하다. 몸의 짜임새를 파악하는 데에는 체지방량 측정이 가장 보편적이고 효율적이며, 몸의 형태에 대한 파악에는 이른바 '신체 배엽형'이라는 개념에 대한 이해가 선행되어야 한다.

1. 내 몸의 짜임새 파악하기

과거 오랫동안 몸의 짜임새를 알기 위해 사용된 가장 기본적인 방법은 키와 몸무게를 측정하는 것이었다. 키와 몸무게는 어떤 장소에서나 손쉽게 측정할 수 있다는 장점이 있다. 우리가 어떤 사람을 전혀 모르는 상태에서도 키와 몸무게에 관한 정보만 있으면 그 사람의 신체 상태를 웬만큼 짐작할 수 있다. 이는 일반인뿐 아니라 전문 운동선수들이 상대방을 미리 파악할 때도 가장 기본적인 정보다. 키는 보통 성장기 이후로 대부분 큰 변화가 없으므로 어떤 사람의 현재 신체 상태를 나타내는 데는 결국 몸무게가 중요한 역할을 하게 된다.

그러나 몸무게가 몸의 짜임새에 대한 정확한 지표로 사용되기에는 결정적인 약점이 있다. 몸무게가 똑같은 사람이라도 키에 따라 마르게 보이거나 반대로 뚱뚱해 보일 수도 있는 것이다. 그리고 설사 비슷한 키와 몸무게의 사람들이라도 근육형이냐 아니냐에 따라 외견상으로나 건강 측면에서 큰 차이를 보이게 된다.

단순 몸무게 측정의 이런 약점들을 보완하기 위해 표준체중의 개념을 도입하거나 허리둘레 측정을 병용하는 방법을 동원하기도 한다. 그러나 이런 방법들 또한 개인이 계속해서 측정해나갈 때에는 어느 정도 도움을 줄 수 있으나, 다른 사람들 사이에는 신체 골격의 차이 때문에 객관적인 평가 기준이 되기가 어렵다.

이러한 키와 몸무게 측정의 한계를 극복하기 위해 개발되어 요즈음 널리 활용되고 있는 것이 몸의 지방량(체지방량)을 측정하는 방법이다. 체지방량 측정은 글자 그대로 몸에서 지방이 차지하는 비율을 계산한 것으로, 건강 상태에 대한 지표로써 더 구체적이고 정확한 정보를 얻을 수 있어 최근에 널리 보급되어 사용되고 있다. 체지방량 측정에는 다음과 같이 간단한 계산 공식을 이용하는 방법에서부터 비싼 기계장치를 이용하는 방법까지 여러 가지가 있다.

첫 번째로 체질량지수 Body Mass Index, BMI**가 있다.** 이는 간단한 계산 공식을 이용하는 방법으로 BMI라고도 한다. 이 지수를 계산하는 방법은 매우 간단하다. 체중(킬로그램)을 신장(미터)의 제곱으로 나누기만 하면 된다.

예) 키 1.8미터, 몸무게 64.8킬로그램인 사람의 체질량지수 구하기

$$64.8 / 1.8^2 = 20$$

지난 2006년, 여성 모델들이 지나친 체중 감소의 후유증으로 사망한 후 일부 국가에서 '앞으로는 모델의 건강과 안전을 위해 체질량지수가 적어도 18.5 이상이 되어야만 모델 자격을 주겠다'라고 발표해 세간의 관심을 끌기도 했다.

우리나라 국민영양조사에서는 체질량지수가 25를 넘으면 비만이라고 판정하고 있으며 세계보건기구에서 지정한 체질량지수의 기준은 다음과 같다.

- 저체중: 18.5 이하
- 표준: 18.5~24.9
- 과체중: 25~29.9
- 비만: 30 이상

체질량지수는 특별한 장비 없이 누구나 간단히 계산할 수 있다는 장점이 크지만, 정확한 체지방량을 파악하는 데에는 한계가 있다는 것이 단점이다.

두 번째로 캘리퍼caliper **측정법이 있다.** 이 방법은 체질량지수 계산보다 더 정확하고, 고가의 장비를 사용하지 않고도 캘리퍼라는 간단한 도구로 어디서나 손쉽게 체지방량을 측정할 수 있다. '캘리퍼 측정법' 또는 '피하지방 두께 캘리퍼 측정법skinfold caliper technique'이라고 부른다.

이 방법은 임의의 신체 부위 몇 군데의 살을 손으로 두 겹의 주름이 잡히도록 집어서 캘리퍼로 두께를 측정한 뒤, 그 수치를 정해진 산출표에 대입해 체지방량을 간접적으로 산출하는 방식이다. 흔히 일상생활에서도 뱃살이나 허릿살을 손으로 집어보면서 대략적인 체형 변화를 살피곤 하는데, 캘리퍼 측정법은 이를 체계적으로 수치화한 형태다.

캘리퍼 측정법은 간단한 도구만 있으면 되기 때문에 집에서도 손쉽게 이용할 수 있다는 장점이 있지만, 측정하는 사람에 따라 오차가 발생할 수 있고 심지어 동일 측정자라도 시기에 따라 다른 결과가 나올 수 있으므로 측정자의 숙련도에 영향을 받는다는 단점이 크다.

세 번째로 생체전기 저항분석법 Bioelectrical Impedance Analysis, BIA**이 있다.** 모든 물체는 전기적으로 저항을 띄는데 우리 몸도 마찬가지다. 우리 몸에서 전류를 통과시키는 성분은 수분밖에 없다. 전류가 물이 많은 조직을 통과할 때는 전기가 흐르는 통로가 그만큼 넓으므로 저항이 적고, 반대로 물이 적은 조직에서는 저항이 커지게 된다.

우리 몸의 지방은 약 20퍼센트의 수분만 함유하고 있다. 이 때문에 약 75퍼센트의 수분으로 이루어진 근육에 비해 전류에 대한 지방의 저항이 상대적으로 크다. 즉 전류의 속도가 저항 때문에 느려지면 느려질수록 그만큼 체지방량이 많다는 의미다. 이러한 이론에 입각해 우리 몸에 느끼지 못할 정도의 약한 전류를 흘린 뒤 전류가 흐르는 속도 차이를 측정함으로써 체지방을 간접적으로 계산하는 방법이 바로 생체전기 저항분석법이다.

현재 국내 시장에도 비교적 간단한 체중계 형태부터 정밀한 기계분석 장치에 이르기까지 생체전기 저항분석법 원리를 이용한 다양한 제품들이 소개되고 있다. 보편적으로는 국내 회사인 바이오스페이스의 '인바디^{InBody}'라는 기계분석 장치가 병원 검진센터, 보건소, 대형 헬스클럽 등을 중심으로 널리 사용되고 있다. 이 제품은 피검자가 분석 장치에 올라서면 손과 발이 닿는 부위에 있는 전극을 통해 전기를 흘려보낸 뒤 인체 저항을 계산해 체지방 및 단백질, 무기질, 체수분 등을 자동으로 계산해준다.

크기가 크고 가격이 비싼 인바디 대신 가정에서 경제적으로 손쉽게 사용할 수 있는 체중계 형태의 제품도 최근 많이 출시되고 있다. 피검자가 키, 나이, 성별 등을 입력한 뒤 체중계에 올라서면 오른쪽 발에서 왼쪽 발로 전기를 흘려보내 양쪽의 전압 차이, 즉 저항을 계산해 자동으로 체지방량을 측정해주는 것이다.

지금까지 소개한 체지방량 측정법 이외에도 직접 측정법으로 수중 밀도법, 체내 총수분량 측정법 등이 있다. 이들은 앞서 소개한 방법들과 비교할 수 없을 정도로 정확하지만 측정 방법이 복잡하고 비용도 비싸기 때문에 주로 연구 목적으로만 이용되고 있다.

2. 나의 체형 파악하기

요즘 헬스클럽에 가면 퍼스널 트레이닝$^{Personal\ Training,\ PT}$ 즉 개인 트레이닝이 꽤 보편화되어 있다는 것을 느끼게 된다. PT는 우리나라에 도입된 역사가 그렇게 길지 않지만, 자신에게 맞는 효율적인 운동 방법을 잘 모르는 사람들에게 많은 도움이 되고 있다. 트레이너들이 PT 도중 종종 사용하는 용어 중에 '배엽형'이라는 표현이 있다. 언뜻 듣기에도 어려운 학술 용어처럼 들리는 이 말은 내배엽이니 외배엽, 중배엽 같은 세부적인 사항까지 들어가면 어느 순간 보통 사람에게는 수학의 미적분처럼 이해하기 어려운 차원의 이야기가 되고 만다. 그러나 이 말을 사용하는 대부분의 트레이너도 정확하게 이 용어가 어디서 유래된 것인지 아는 사람은 그렇게 많지 않다.

우리의 몸은 마치 날 때부터 혈액형이 정해져 있는 것처럼 기본 체형이 유전적으로 정해져 있다. 이런 의미에서 만일 누구든지 자신의 타고난 체형을 정확히 알 수만 있다면 이를 바탕으로 식이요법이나 운동으로 건강관리 방법을 결정하는 데 큰 도움을 받을 수 있을 것이다. 차이라면 혈액형의 경우 간단한 검사로 정확하게 자신의 유형이 무엇인지를 파악할 수 있지만, 체형의 경우에는 간단한 검사조차 필요 없이 눈으로 보기만 해도 알 수 있다. 대신 이를 정확히 분류할 과학적 방법이 없다는 것이다.

어떻게 생각하면 수많은 사람의 다양한 체형을 불과 몇 가지 범주로 분류하려는 시도 자체가 과학적으로 불가능할지도 모른다. 그러나 이런 가운데서도 앞서 말한 배엽형에 의한 체형 분류는 가장 설득력 있는 방법 중 하나로 지금까지 널리 통용되고 있다.

배엽胚葉, germinal layer 이라고 하는 용어는 발생학에서 나오는 다소 어려운 학술용어인데, 사람을 포함한 동물의 수정란이 발생 및 성장하는 과정에서 세포분열을 거듭할 때 나타나는 세 개의 세포층인 내배엽, 중배엽, 외배엽을 모두 합쳐서 일컫는 말이다. 이 중 내배엽은 세 층의 배엽 중 가장 안쪽에 위치한 것으로 태아가 성장하면서 소화기관, 배설기관 등이 여기에서 만들어지게 된다. 반면 외배엽은 세 배엽 중 가장 바깥쪽에 위치한 층으로 우리 몸의 신경조직과 피부조직 등이 발달하는 곳이다. 그리고 내배엽과 외배엽의 중간에 위치하는 중배엽에서는 결체조직 성분인 뼈, 연골, 근육 등이 만들어진다.

이런 배엽의 개념을 이용해 처음으로 체형 분류somatotyping를 제안한 사람은 미국 하버드대학교의 심리학 교수였던 윌리엄 셸든이었다. 그는 1930~1940년대에 걸쳐 사람의 체형이 성격에 미치는 영향을 연구하기 위해 많은 사람의 사진을 분석하고 인터뷰하면서 다음과 같은 세 가지 분류체계를 제안했다.

첫 번째로 내배엽형endomorph**이다.** 신체 중에서 태생기의 내배엽에서 기원한 내장, 그중에서도 소화기관이 잘 발달된 경우다. 여기에 속하는 사람들은 둥근 얼굴에 몸집이 크고 몸 중앙 부위에 지방이 많이 축적된 전형적인 비만 체질이다. 성격 면에서는 보통 느긋한 기질을 보이며 사교성이 풍부한 편이다.

두 번째로 외배엽형ectomorph**이다.** 태생기의 외배엽에서 발생하는 조직인 신경조직과 피부조직이 발달한 형태다. 이 유형의 사람들은 마르고 날렵한 몸매를 유지하고는 있지만 근육량이 부족해 그다지 균형 잡힌 몸매는 아니다.

세 번째로 중배엽형mesomorph**이다.** 태생기의 중배엽에서 기원한 뼈, 근육 등이 잘 발달된 형태다. 넓은 어깨, 잘록한 허리의 역삼각형 체형에 몸의 신진대사가 활발하다. 신진대사율이 높기 때문에 운동을 적게 해도 체중 조절이 잘 되는 편이며, 체지방이 적어서 복근이 선명하게 드러난다는 이상적인 조건을 가지고 있다.

배엽형은 이처럼 분류가 간명하면서도 누구나 직관적으로 파악할 수 있어 과학적 설득력이 있다. 그러나 현실적으로 많은 사람의 체형을 고작 세 가지 범주에 정확히 포함시키는 것은 불가능하다. 물론 여기에 정확히 일치하는 사람도 있겠지만, 대부분은 한쪽 배엽형의 특성이 뚜렷하면서 일부 다른 배엽형의 요소가 혼합되어 있거나 두 가지 배엽형이 거의 비슷하게 섞여 있는 경우도 있기 때문이다.

배엽형의 개념을 처음 제안한 셸든도 이미 이러한 문제점을 고려해 어떤 사람의 체형을 정할 때 내배엽, 중배엽, 외배엽의 특징을 각각 7점 만점으로 점수를 매기는 방법을 제시했다.

예를 들어, 사진이나 영상에서 볼 수 있는 조각처럼 다듬어진 전문 보디빌딩 선수들, 즉 거의 순수한 중배엽형에 해당되는 사람들은 '내배엽 1, 중배엽 7, 외배엽 1'로 표시할 수 있다. 이와 정반대로 근육은 거의 없이 출렁이는 배와 함께 먹기만 하면 살이 찌는 체질인 거의 순수한 내배엽형은 '내배엽 7, 중배엽 1, 외배엽 1'로 표현될 것이다. 반면 상당한 근육형임에도 근육과 동시에 지방도 웬만큼 갖고 있는 씨름 선수나 역도 선수 같은 사람들은 내배엽과 중배엽의 혼합형에 해당되는 경우로 점수로는 '내배엽 5, 중배엽 6, 외배엽 1' 정도로 표시할 수 있을 것이다. 또 다른 예로 근육은 있으나 우람하기보다는 지방이 거의 없어 보이는 잘 다듬어진 몸매를 가진 키 큰 사람이 있다고 해보자. 이런 체형의 사람들은 근육형 농구 선수나 배구 선수들에서 전형적으로 관찰되는데 외배엽과 중배엽의 혼합형으로 불린다. 이들을 점수로 표시하면 '내배엽 1, 중배엽 4, 외배엽 5' 정도가 될 것이다.

이렇게 배엽형으로 자기 체형의 틀을 이해하면 운동과 건강 관리 측면에서 특별히 비용을 들이지 않더라도 어렵지 않게 유익한 기준점을 정할 수 있다.

즉 내배엽형은 주로 유산소운동을 중심으로 한 운동이 반드시 필요하며 식이도 고단백, 저탄수화물의 식단이 유용하다. 반면 외배엽형은 충분한 수면을 취하고 스트레스를 줄이는 한편, 유산소운동에 비해 적절한 강도의 근력운동의 비중을 높이는 것을 추천한다. 식이는 양질의 영양분으로 구성된 고칼로리 음식이 좋다. 중배엽형은 유전적으로 가장 혜택을 받고 태어난 체형이니만큼 운동이나 식이에 대한 반응도 훌륭하고 유리한 점이 많다. 다만 타고난 체질만을 믿고 건강관리를 위한 후천적 노력을 소홀히 하면 오히려 건강을 해칠 위험성이 있다는 것을 명심해야 한다.

세상 모든 일이 그렇듯 무언가를 배워서 알게 되는 것은 무척 중요한 일이지만, 그보다 더 중요한 것은 새롭게 배운 지식을 바탕으로 자신의 삶을 윤택하고 건강하게 가꾸는 일일 것이다.

나의 몸 쓰는 능력 알기

몸 쓰는 능력이란 운동을 수행할 능력이 어느 정도인가 하는 한계를 뜻한다. 즉, 어떤 운동을 할 때 그 바탕이 되는 힘(지구력과 근력)과 유연성이 어느 정도인지를 아는 것이다. 여기에서 몸 상태를 알 수 있는 방법으로는 윗몸 일으키기, 팔 굽혀 펴기, 앉아 윗몸 앞으로 굽히기, 서서 윗몸 앞으로 굽히기 등 다양한 항목들이 개발되어 실제 사용되고 있다. 소방관 등 체력을 요하는 직업을 가지려면 이 중 필수로 요구되는 몇 가지 항목에서 일정 기준을 넘어야 한다.

그런데 꼭 의무적인 테스트를 통과하기 위한 수단이 아니라 건강 운동을 시작할 때도 자신의 몸 쓰는 능력에 대한 한계를 파악하는 것이 매우 중요하다. 여러 해 전 헬스장에서 홀로 운동하던 50대가 벤치프레스를 하는 도중 역기에 목이 눌려 사망하는 사건이 발생했다. 자신이 가진 근력의 한계를 충분히 인식하지 못한 데서 발생한 비극인데 실제 이런 종류의 사건은 그전에도 여러 차례 있었다. 이런 참극까지는 아니더라도 중량을 무리하게 다루다가 인대가 늘어나거나 근육이 파열되거나 관절이 손상되는 일들은 비일비재하게 일어난다.

그런가 하면 자신의 유연성을 넘어서는 동작을 하다가 허리를 삐끗한다든지 장거리 달리기의 지구력 향상 효과에 집착해 멀쩡하던 무릎 관절이 이상을 일으킨다든지 하는 일도 적지 않은 빈도로 일어나고 있다. 건강을 위한 운동이 오히려 건강을 해치는 독이 되는 역설적인 상황이 생기는 것이다.

50대가 넘으면 무엇보다도 안전이 최우선이어야 한다. 심각한 상황까지는 아니더라도 근육통 정도로 며칠을 꼼짝없이 쉬어야 하는 일이 발생한다. 그만큼 규칙적인 운동에 차질이 생기고 운동을 포기하는 좋은 구실이 된다. 가끔은 운동 전문가의 도움이 필요할 때도 있겠지만 자신의 몸 쓰는 능력에 대한 한계를 알고 거기에 맞는 운동을 하는 것, 이를 제대로 수행해나가는 것은 결국 자신의 몫이다.

나의 질병 상태 알기

아무런 질병 없이 건강한 몸 상태에서 운동하는 것이 가장 바람직한 일이겠지만, 50대에 들어서 그런 행운을 누릴 수 있는 사람은 드물 것이다. 어떤 특정 질환을 가지고 있다면, 적절한 의학적 평가를 미리 받아 부작용을 최소화한 상태에서 운동을 해야 최적의 결과를 얻을 수 있다.

과거에는 우리나라뿐 아니라 서구 국가에서도 지병이 있는 사람들에게 운동은 금기였다. 안정은 대부분의 병에서 가장 중요한 치료 방법이었기 때문에 달리기를 하거나 힘을 쓰면서 땀을 흘리는 것은 병을 악화시키는 큰 이유라고 생각했다. 그러다가 만성 질환의 경우 운동이 오히려 치료에 도움이 될 수 있다는 각종 연구 결과가 속속 등장하면서 이제 웬만한 병에서는 적당한 운동을 금기는커녕 권장 사항으로까지 인식하게 되었다.

그러나 질병을 가진 상태에서 구체적으로 어떤 종류의 운동을 어느 정도로 하는 것이 좋은가는 결코 단순한 문제가 아니다. 환자마다 질병 상태에 상당한 차이가 있으며 운동을 받아들이는 수용 능력도 천차만별이기 때문이다. 자칫 '운동 요법의 효과'를 자의적으로 판단해 쉽게 뛰어들었다가는 땅을 치고 후회할 일이 생길지도 모른다. 이 때문에 운동을 시작하기 전에 자신의 의학적 신체 상태를 잘 아는 의사에게 상담받는 것이 중요하다.

어떤 보약보다 값진
오십의 유산소운동

유산소운동의 탄생

적당한 유산소운동은 건강한 장수를 위해서 가장 좋은 운동이다.
오늘날 유산소운동이란 용어를 모르는 사람은 아마 없겠지만, 이
말을 지금으로부터 불과 50여 년 전에 한 젊은 미국인 의사가 만
들었다는 사실을 아는 사람은 많지 않을 것이다. 그 주인공은 지
금도 생존해 있는 케네스 쿠퍼. 1968년에 발간되어 당시 폭발
적인 인기를 끌었던 명저 《유산소운동Aerobics》에서 그는 조직 또
는 유기물이 생명을 유지하기 위해서는 산소가 필요하다는 것을
의미하는 용어인 에어로빅aerobic이란 말에 's'를 덧붙여서 '에어

로빅스Aerobics' 즉 유산소운동이라는 신조어를 만든 것이다.

애초에 유산소운동을 가리켰던 에어로빅스(또는 에어로빅)라는 용어는 오늘날에는 에어로빅댄스란 의미로 더 많이 사용되고 있다. 이는 쿠퍼가 책을 출간한 이듬해인 1969년 그의 이론에 크게 감명받은 재키 소런슨이라는 무용가가 푸에르토리코에 있는 미 공군기지의 주부들을 대상으로 에어로빅댄스를 처음 선보이면서 시작되었다. 그 후 1982년 유명 영화배우 제인 폰다의 에어로빅 비디오가 출시되면서 일약 세계적인 선풍을 일으키는 계기가 되었다. 이 때문에 현재는 그냥 에어로빅이라고 하면 에어로빅댄스를 지칭하는 용어가 되었고 종래의 포괄적인 에어로빅 개념은 유산소운동aerobic exercise으로 부르게 되었다.

미국 오클라호마시티 태생의 쿠퍼는 오클라호마 의과대학을 졸업하고 하버드대학교에서 공중보건학 석사 학위를 취득한 뒤, 1957년 26세의 나이에 공군에 입대해 1970년까지 군의관으로 13년을 보냈다. 이때 나사NASA와의 협동 연구로 우주비행사들의 건강을 유지하기 위한 연구를 해나갔다. 그는 항공우주의학이라는 한정된 분야를 떠나 대중의 건강한 삶을 위해 어떤 운동이 필요한지 치열하게 연구를 해나갔다. 그리고 그 결과물이 앞서 말한 책《유산소운동》이었다.

쿠퍼의 책은 1968년에 발간되자마자 순식간에 베스트셀러가 되었고 미국 전역은 유산소운동 열풍에 빠져들었다. 당시 쿠퍼가 내세운 주장과 이론이 대중적으로 성공했던 이유 중 하나 는 복잡한 이론적 설명을 내세우지 않고 일반인들도 쉽게 이해 할 수 있는 원칙을 제시했다는 것이었다. 지금까지 그의 대표적 인 업적 중의 하나로 평가받고 있는 '12분 달리기 테스트12 min run fitness test'가 그 좋은 예다.

이 테스트에 따르면 측정 대상자가 12분이라는 정해진 시 간 동안 최대한 얼마나 달릴 수 있는지 거리를 측정한 뒤, 연령 과 성별에 따른 다음의 평가표로 그 사람의 심폐 지구력, 즉 건 강 상태를 손쉽게 알아볼 수 있다. 예로, 50대 남자의 경우 12분 동안 2,400미터 이상을 달리면 매우 건강한 상태로, 1,300미터 미만으로 달리면 매우 허약한 상태로 분류했다. 50대 여자의 경 우 각각 2,200미터와 1,100미터가 기준이다. 그러면서 그는 이 기준이 심폐 지구력을 나타내는 과학적인 지표인 '최대 산소섭취 량'과 0.9의 높은 상관관계를 보인다는 데이터를 제시했다(완전한 일치는 1.0이다). 12분 달리기 테스트는 가능하면 도로나 운동장에 서 시행하는 것이 좋지만, 트레드밀 위에서도 뜀판을 한 단계 정 도 올려 일반 도로 상태와 비슷하게 만들면 측정이 가능하다.

1970년 쿠퍼는 대령을 마지막으로 전역하면서 텍사스 댈러 스에 쿠퍼 에어로빅스 센터와 비영리 연구 및 교육기관인 쿠퍼 연구소를 설립하며 유산소운동 관련 사업에 본격적으로 뛰어들 었는데, 이미 상당한 대중적 인지도를 가지고 있던 그는 사업에

성별/나이	매우 건강함	평균 이상	평균	평균 이하	매우 허약함
남/20~29세	>2,800m	2,400~2,800m	2,200~2,399m	1,600~2,199m	<1,600m
여/20~29세	>2,700m	2,200~2,700m	1,800~2,199m	1,500~1,799m	<1,500m
남/30~39세	>2,700m	2,300~2,700m	2,000~2,299m	1,500~1,999m	<1,500m
여/30~39세	>2,500m	2,000~2,500m	1,700~1,999m	1,400~1,699m	<1,400m
남/40~49세	>2,500m	2,100~2,500m	1,700~2,099m	1,400~1,699m	<1,400m
여/40~49세	>2,300m	1,900~2,300m	1,500~1,899m	1,200~1,499m	<1,200m
남/50~59세	>2,400m	2,000~2,400m	1,600~1,999m	1,300~1,599m	<1,300m
여/50~59세	>2,200m	1,700~2,200m	1,400~1,699m	1,100~1,399m	<1,100m

서도 큰 성공을 거두었다.

그는 열여덟 권의 유산소운동 관련 서적을 집필했으며 이는 무려 41개 국어로 번역되어 총 3,000만 부가 팔렸다. 특히 제대 후에는 미국뿐만 아니라 세계 50여 개 국가를 방문하며 강연하는 등 활발한 활동을 이어갔다. 이 중에서 브라질 축구 대표 팀과의 인연은 각별했다. 쿠퍼는 1970년 당시 브라질 월드컵 축구 대표 팀의 유산소운동 훈련에 조언하며 많은 도움을 주었고, 그런 도움에 힘입어 슈퍼스타 펠레를 필두로 한 대표 팀은 월드컵 3회 우승을 달성하며 줄리메컵을 영구히 소장하게 되었다. 이런 인연 때문에 브라질에서는 지금도 조깅을 쿠퍼링Coopering으로 부르고 있다.

유산소운동이 건강에 좋으며 심장의 건강과 수명을 연장해준 다는 쿠퍼의 이론이 탄탄대로만 걸었던 것은 아니었다. 그의 주 장으로 1970년대부터 미국 사회에 대대적인 달리기 붐이 일어 났음에도 적지 않은 의사들은 여전히 유산소운동의 탁월한 효과 에 의구심을 버리지 못하고 있었다.

그러던 중 1984년 당시 달리기 붐의 또 다른 견인차였던 짐 픽스가 버몬트주 하드윅의 산길에서 조깅하다 사망하는 사건이 발생했다. 1977년 명저 《달리기 전서 The complete book of running》를 출간하며 달리기 전도사로 활동하던 그가 불과 52세의 젊은 나 이에 조깅 도중 사망했다는 충격적인 소식은 달리기에 대한 대 중의 인식을 잠시나마 부정적으로 바꾸기도 했다.

그러나 그 후 우여곡절을 거치면서도 유산소운동의 긍정적인 효과에 대한 후속 연구들이 속속 소개되면서 그 가치에 대한 인 식은 다시 회복되고 마침내 오늘날의 모습을 점점 갖추게 되었 다. 유산소운동에 대한 이런 공을 기려 쿠퍼는 오늘날 명실공히 '유산소운동의 아버지'라 불리고 있다.

왜 유산소운동을 해야 하는가?

오늘날 우리나라의 평균 수명이 단시간 사이에 급격히 늘어난 데 경제 성장과 의학 발전이라는 양대 축이 자리 잡고 있다는 사실은 잘 알려져 있다. 그런데 이를 좀 더 세밀하게 쪼개보면 언뜻 떠오르지 않은 두 가지 숨은 공신이 있다는 것을 알 수 있다. 바로 혈압약과 유산소운동이다. 물론 혈압약은 과거에도 있었지만 초기에는 부작용도 적지 않았고 요즈음처럼 보편적으로 사용되지도 못했다. 이로 인해 고혈압이 제대로 조절되지 못해 얼마나 많은 병이 생겼는지는 지금 50대를 넘긴 사람들도 직간접 경험으로 잘 알고 있을 것이다. 이 때문에 혈압약을 진정한 의미에서의 현대판 보약으로 부르는 것도 과언이 아니다.

유산소운동도 마찬가지다. 장수를 위해서는 건강한 심폐 기능이 필수고, 바로 이 심폐 기능의 유지 및 향상에 유산소운동은 결정적인 도움을 줄 수 있다. 그럼에도 과거에는 인식의 부족으로 이 효과적인 운동을 제대로 활용하지 못하다가, 이제는 마음만 먹으면 언제 어디서나 남 눈치를 보지 않고 힘차게 걷거나 달릴 수 있고 또는 자전거를 타거나 수영을 즐길 수 있게 되었다. 유산소운동이 누구나 접근 가능한 대중적인 보약이 되고 있는 셈이다. 그러면 유산소운동이 우리 건강에 줄 수 있는 효과에 대해 좀 더 구체적으로 살펴보기로 하자.

먼저, 심폐 기능이 향상된다. 유산소운동에는 달리기를 대표 주자로 걷기, 수영, 자전거 타기 등 여러 종류가 있지만 이 모든 운동이 공통적으로 추구하는 목표는 심폐 기능의 향상이다. 그리고 심폐 기능이야말로 우리 몸을 건강한 장수로 가게 하는 가장 필수적인 것이다. 50대 이상에서는 이것만큼 확실한 운동 동기도 없다.

체중 조절 효과도 확실하다. 체중 조절이라고 하면 많은 사람이 일차적으로 다이어트를 생각하지만 건강하고 효율적인 체중 조절을 위해서는 유산소운동을 병행하는 것이 바람직하다.

혈당 조절에도 효과가 있다. 여러 관련 연구에 따르면 규칙적인 유산소운동은 인슐린 분비를 조절해 혈당을 낮추는 효과를 보인다고 한다.

콜레스테롤 조절에도 도움을 준다. 규칙적인 유산소운동은 우리 혈관 속의 좋은 콜레스테롤은 증가시키고 나쁜 콜레스테롤은 감소시켜 결과적으로 혈관을 깨끗하게 청소해준다.

또한 면역 기능을 향상시켜주는 효과도 있다. 국내외 연구기관들을 중심으로 규칙적인 유산소운동을 하는 그룹과 그렇지 않은 그룹 간의 혈액 검사로 면역 기능을 비교한 실험들이 여럿 소개되고 있다. 결과는 전자에서 거의 대부분 유의미한 기능 향상 효과를 보이고 있다.

뇌 활동을 높여주는 효과도 있다. 규칙적인 유산소운동은 일반 신체 기능뿐만 아니라 뇌 활동까지 자극해준다. 궁극적으로는 치매 예방 효과도 있다는 연구 결과도 많이 소개되고 있다.

마지막으로 활력을 상승시키는 효과가 있다. 유산소운동을 규칙적으로 해본 사람이라면 복잡한 설명 없이도 누구나 쉽게 느낄 수 있는 일이다. 생활에 스태미나와 활력을 불러일으키고 밤에는 숙면에 빠지게 한다.

유산소운동 기구의 이해

"새는 날고, 물고기는 헤엄치고, 인간은 달린다." 체코의 전설적인 마라토너인 에밀 자토펙이 남긴 명언이다. 그는 1952년에 열린 헬싱키올림픽에서 5,000미터, 1만 미터, 마라톤의 세 종목에서 우승하는 기염을 토하며 그 후 '인간 기관차'라는 별칭으로 불린 위대한 스포츠맨이다. 그의 말대로 인간은 달리기 위해 태어났는지도 모른다. 미국의 저널리스트이자 열렬한 달리기 애호가이기도 한 크리스토퍼 맥두걸은 멕시코의 원시부족을 관찰하고 2009년 《본 투 런》이란 베스트셀러 책을 출간했다. 이듬해인 2010년 국내에서도 번역본이 나왔는데, 이 책에서 맥두걸은 인간의 몸은 오랜 세월을 거치면서 장거리 달리기에 알맞게 진화했고 이는 먼 옛날 인류의 조상이 숲을 떠나 사바나로 진출하면서 엄청난 속도로 달아나는 사냥감을 잡기 위한 변화였다고 설명했다.

이처럼 사람은 장거리 달리기에 적합하게 진화했지만 문명의 발전과 함께 원시적 생존 목표와 필요성이 사라지자 장거리 달리기와 같은 고통을 수반하는 활동에 대해서는 오히려 부정적인 견해가 지배하게 되었다. 그러던 중 앞서 언급한 쿠퍼와 같은 선각자들의 연구 업적으로 유산소운동이 부흥기를 맞게 된 것이다. 다만 먹고살기 위한 달리기에서 건강하게 장수하기 위한 달리기로 그 목표만은 달라졌다.

이제 유산소운동은 달리기뿐만 아니라 빠르게 걷기, 자전거 타기, 수영 등 다양한 종목으로 그 범위를 확대해가고 있다. 가능하다면 야외의 공기를 듬뿍 맡으면서 하는 것이 최선이겠지만, 여건이 그렇게 녹록치 않다 보니 장소나 시간의 제약 때문에 유산소운동을 제대로 못하는 경우가 많아지고 적지 않은 사람이 이를 운동하지 않는 구실로 삼기도 한다. 날씨도 문제다. 너무 춥거나 더워도 힘들고 비가 내려도 곤란하다. 요즈음 같아서는 미세먼지도 또 다른 장애 요인이다.

이런 고민을 완벽하게 해결해주기 위해 실내에서도 간편하게 유산소운동을 할 수 있게 고안된 것이 바로 유산소운동 기구다. 여기에는 다양한 품목이 있지만 다음과 같은 다섯 가지 제품이 가장 대표적이다.

1. 트레드밀 treadmill

실내 유산소운동 기구의 표준이라고 할 만큼 유명한 장비다. 무엇보다도 특별한 숙련 과정 없이도 자신의 능력에 맞춰 손쉽게 이용할 수 있다는 장점이 크다. 보편적인 장비이니만큼 헬스클럽의 규모를 트레드밀이 몇 대 있는가에 따라 파악하기도 하며, 운동 용도뿐 아니라 병원에서는 심장병 진단을 위해 사용하기도 한다. 트레드밀은 흔히 러닝머신이라고도 불리지만 뛰기와 걷기를 모두 할 수 있다. 최근 걷기 운동 열풍을 반영하듯 트레드밀에서 걷기 운동을 하는 사람을 더 많이 볼 때도 있다.

최근에 소개되고 있는 트레드밀은 운동 속도, 운동 거리, 소모 칼로리, 경사도 등 기본 측정장치는 물론이고 다리의 충격을 줄이기 위한 완충장치, 트레드밀에서 넘어지거나 이탈할 때를 대비한 안전장치 등 각종 첨단 장치들을 장착한 제품들이 많다.

트레드밀의 단점이라면 한정된 실내 공간에서 다람쥐 쳇바퀴 돌듯 뛰어야 한다는 단조로움인데, 대부분 헬스클럽에서는 트레드밀 앞에 TV를 부착해 지루하지 않게 운동하도록 도와준다. 간혹 핸드폰이나 인쇄매체를 보면서 운동하는 사람이 있는데 이는 절대 삼가야 할 일이다. 발은 눈의 시선을 따라 움직임을 조절하기 때문에 이런 행동은 몸의 균형을 잃게 해 자칫 큰 사고로 이어질 수도 있기 때문이다. 물론 천천히 걸으면서 신문을 볼 수는 있겠으나 이 정도라면 제대로 된 운동 효과를 기대할 수 없기 때문에 애써 트레드밀에서 운동하는 의미가 없다.

2. 고정자전거 stationary bike

트레드밀 다음으로 흔히 접할 수 있는 유산소운동 기구다. 이 기구는 실내에서 실제 자전거 페달을 밟는 것과 같은 기분을 즐길 수 있는 데다 앉아서 운동할 수 있다는 편안한 느낌 때문에 중장년 세대에서 특히 인기가 많다. 게다가 운동 중에 핸드폰을 보거나 신문이나 잡지를 읽고 싶은 사람이라면 트레드밀에서와는 달리 웬만한 속도에서도 안전하게 읽을거리를 즐길 수 있다는 장점도 있다. 기구 자체의 크기도 크지 않고 소음도 심하지 않아, 집에 고정자전거를 설치해 운동하는 사람도 많다.

그러나 고정자전거 위에서의 운동이라고 하더라도 높은 강도에 빠른 속도를 선택하거나 전문적인 스피닝 과정(경주용 자전거와 비슷한 구조의 실내 자전거를 이용해 이미지 트레이닝 및 음악과 함께 단체를 이루어 강도 높게 운동하는 방법)에 참가하는 경우에는 가장 힘든 유산소운동 중의 하나가 될 수 있다.

고정자전거에는 크게 일반적인 자전거와 비슷한 구조를 가진 형태와 의자에 앉거나 뒤로 비스듬히 누워서 하는 형태의 두 가지가 있다. 두 형태 다 운동 효과라는 측면에서는 근본적 차이가 없으나 후자의 경우 허리가 좋지 않은 사람에게는 다소 편안한 느낌을 줄 수 있다.

고정자전거로 운동하기 전에는 미리 안장 높이와 손잡이 위치를 자신의 체형에 맞춰 잘 조절하는 것이 관절 부상 예방이나 운동 후 근육통 감소에 효과적이다. 간혹 귀찮다며 발 고정띠를 하지 않고 운동하는 사람을 볼 수 있는데 이는 운동 효과 면에서 나 편의도 측면에서 옳은 방법은 아니다.

3. 스테퍼 stepper

계단 오르기가 몸에 좋다는 것이 알려지면서 실생활에서도 고층에 집이나 직장이 있는 사람 중에 일부러 엘리베이터 대신 계단으로 걸어 올라가는 사람들이 있다. 또 운동장 스탠드의 계단을 뛰어오르며 운동하는 사람들도 볼 수 있는데 이 역시 고층 계단 오르기와 같은 목적의 운동이다.

스테퍼는 이런 계단 운동 효과를 실내에서도 재현할 수 있도록 고안된 기구다. 다른 말로는 '계단 오르기 기구 stairclimber' 또는 '계단 오르기 스테퍼 stairclimber stepper'라고 부르기도 한다. 이 기구를 좁은 집 안에서도 손쉽게 사용할 수 있도록 발판만을 따로 분리해 만든 '미니 스테퍼'도 개발되어 좋은 반응을 얻고 있다.

스테퍼는 유산소운동 효과 이외에도 엉덩이와 다리 근육을 강화하는 효과도 같이 겸한다는 장점이 있다. 다만 스테퍼는 매우 힘든 운동으로 특히 초보자들은 제대로 자세를 취하면서 운동하면 다리가 뻐근해 불과 몇 분간을 지속하기도 힘들다. 이 때문에 일부 이용자들 가운데는 손잡이 바를 단단히 잡고 여기에 체중을 실어가며 운동시간을 의도적으로 늘리려고 노력하는 사람들도 있다. 그러나 이렇게 되면 칼로리를 태우려는 원래의 유산소운동 목적은 사라지므로 지속시간에 관계없이 최선을 다하는 것이 중요하다. 그렇게 하다 보면 어느새 숙련되어 운동 지속시간도 자연스럽게 늘기 마련이다.

또 한 가지 주의사항은 발판을 누를 때 발 전체를 사용하지 않고 발가락 쪽에 집중하는 사람들이 있는데 이렇게 되면 종아리 근육에 무리가 갈 수 있기 때문에 조심해야 한다.

ч. 일립티컬 머신 elliptical machine

비교적 최근에 많은 주목을 받고 있는 기구다. 이 기구의 이름은 넓고 두툼한 발판을 누르면 다리가 공중에서 타원형의 궤적을 그리며 움직이기 때문에 타원형을 뜻하는 영어 'ellipse'에서 따왔다. 우리말로 번역하면 '타원형 운동기구'지만, 아무래도 어색한 느낌이 있어 보통 영어 명칭 그대로 부르고 있다.

일립티컬 머신에서의 운동 동작은 빠른 걷기와 계단 오르기, 그리고 크로스컨트리 스키에서의 동작을 적절히 섞어놓은 형태다. 새로운 운동 자극이 다양한 만큼 좋아하는 사람도 많지만, 다리의 전통적인 동작 범위인 위아래, 앞뒤와 같은 선에서 벗어난 운동 궤적이 부자연스럽게 느껴져 꺼려하는 사람들도 있다.

일립티컬 머신의 큰 장점은 운동 동작 자체가 관절에 부하를 주지 않기 때문에 평소 무릎 등 다리 관절에 문제가 있는 사람들도 큰 무리 없이 사용할 수 있다는 점이다.

5. 로잉머신 rowing machine

조정 경기에서의 노 젓는 동작을 본뜬 운동기구로 우리말로
는 그대로 '노 젓기 운동기구'로 번역된다. 로잉머신은 유산소운
동 효과뿐만 아니라 상·하체 전신의 근력운동 효과도 겸비하고
있다. 그만큼 운동 효과가 높다는 뜻이다.

이 기구는 보이는 것만큼이나 운동 강도가 높아 제대로 활용
하는 경우 상당히 힘이 들어간다. 일부 제품에서는 특별하게 고
안된 물통을 기구에 장착해 노를 저을 때마다 실제로 물을 헤쳐
나가는 기분을 실감나게 느끼게 해주기도 한다.

유산소운동으로
가뿐한 몸만들기

유산소운동을 하는 일차 목적은 심폐기능 강화지만, 지방을 태워서 건강한 몸매를 갖고 싶은 것도 많은 사람이 바라는 목표 가운데 하나다. 그런데 야외든 실내든 유산소운동으로 소모되는 칼로리는 생각만큼 크지 않다. 유산소운동 시에 소모되는 칼로리는 기본적으로 속도와 시간, 그리고 본인의 체중에 좌우되는데 30분 정도 운동한다고 가정할 때 웬만큼 속도를 올린다고 해도 300칼로리 이상 소모하기가 쉽지 않기 때문이다. 게다가 운동 후 성취감으로 시원하게 맥주 한 캔(355밀리리터, 120칼로리)과 프라이드치킨 한 조각(70그램, 210칼로리)을 맛있게 먹으면 330칼로리를 섭취하게 된다. 애써 땀 흘리며 운동한 보람이 허탕이 된다는 이야기다.

이 때문에 체중 감소를 일차 목적으로 유산소운동을 하는 사람들은 칼로리 관리를 병행하는 것이 매우 중요하다. 이런 중요성을 감안하듯 각종 매체에서는 많은 전문가가 나서서 음식물들의 칼로리를 줄줄 열거하며, 칼로리표를 일상생활에서 적극 활용해야 한다고 강조한다. 그러나 이런 식의 다이어트 접근은 오래갈 수 없다. 특히 50대가 넘어서는 이미 알고 있던 사실도 깜빡하는데 그런 숫자를 어떻게 기억할 수 있겠는가. 매번 칼로리표를 찾아볼 수도 없는 일이다. 혹시 그런 성의를 가지고 있는 사람이라고 하더라도 닭튀김 하나만 해도 기름의 양이나 양념의 종류가 다르고 크기조차 다양하므로 정확한 칼로리를 계산하기 어렵다. 전문가들은 그것으로 먹고사는 사람들이기 때문에 어떻게든 외우고 있을 뿐이다.

이런 의미에서 일반인들은 칼로리에 대한 개념을 단순화하는 것이 중요하다. 즉 매일 소비하는 칼로리보다 더 많은 칼로리를 섭취하면 살이 찌고, 반대로 더 많은 칼로리를 소비하면 살이 빠지는 것이다. 이런 원칙만으로 어떻게 균형을 유지하느냐고? 이역시 간단하다. 매일 아침 체중을 재는 것이다. 체중 변화로 전날 식이 섭취와 운동량과의 균형에 대한 성적표를 받은 뒤, 그 결과에 따라 향후 활동을 결정하면 된다.

그런데 다이어트에 본격적으로 나선 사람 중에는 이왕에 체중을 빼기로 결심했으니 짧은 시간 내에 눈에 띄는 결과를 얻고 싶어 하는 사람이 많다. 이 중 상당수는 육체적으로 힘들면서 효과도 당장 나타나지 않는 운동보다는 단기간 효과가 뚜렷한 식이요법에 의존하기 마련이다. 이들은 애초 목표 자체가 화끈한 (?) 체중 감소량이기 때문에 처음부터 과감한 칼로리 감소 계획을 세우게 된다. 그러나 과유불급이란 말이 있듯이 세상의 모든 일은 지나치면 항상 문제가 생기기 마련이다. 그러면 지나친 저칼로리 다이어트가 왜 좋지 않은지 그 이유를 살펴보자.

1. 굶주림 반응

굶주림 반응starvation response이란 어떤 원인으로 음식 섭취가 줄어들어 공복 상태가 되면, 몸이 살아남기 위한 생리적 방어기전으로 칼로리 소비를 줄이기 위해 기초대사율Basal Metabolic Rate, BMR을 낮추는 현상이다. 기초대사율은 우리 몸이 활동하지 않고 가만히 있더라도 소화나 호흡 등 기본적인 삶을 영위하기 위해 소비되는 칼로리의 비율을 말한다.

먼 옛날에는 흉년에다 사냥마저 여의치 않은 시기가 닥쳐오면 2~3일에 한 번 끼니를 때우기 힘들 때도 있었을 것이고, 심지어 한 달 내내 초근목피로 연명하는 상황도 발생했을 것이다. 이런 일들이 오랜 진화의 과정 동안 빈번히 발생하면서 몸은 이에 대비해 생존을 위한 절묘한 자체 방어 기전을 만들어냈다. 즉 기초대사율을 줄임으로써 영양 부족의 악조건 가운데도 가능한 오랫동안 살아남을 수 있게 진화한 것이다. 이런 진화의 선물 덕분에 오늘날 현대인들도 사고 등으로 외딴곳에 장기간 고립되거나 전쟁포로로 최소한의 음식만 공급받는 상황에서도 이해하기 힘들 만큼 오랫동안 생명을 유지할 수 있게 된 것이다.

그런데 문제는 오늘날은 굶주림 반응이 만들어진 먼 옛날과는 주변 환경이 완전히 달라졌다는 것이다. 웬만한 곳이라면 어디서든 슈퍼나 음식점을 손쉽게 발견할 수 있고, 각종 고칼로리 식품이 풍족하게 널려 있다. 이러다 보니 이제는 많은 사람의 목표가 칼로리 비축이 아니라 오히려 체중을 줄이는 것으로 변하고 말았는데, 바로 이때 오랫동안 인류의 생존을 위해 헌신해온 굶주림 반응이 오히려 적군이 되는 것이다.

구체적으로 설명하자면 다이어트를 위해 지나치게 소식했을 때 몸은 굶주림 반응에 따라 일종의 비상상태라고 인식하게 된다. 다이어트를 위한 주인의 절실한 필요나 숭고한 목표를 이해하지 못하고, 그냥 단순하게 "아, 음식이 부족한 모양이구나"라고 판단해 살아남기 위한 목표로 칼로리 소비, 즉 기초대사율을 떨어뜨리는 것이다. 이렇게 되면 기껏 애를 써서 음식을 줄이더라도 이와 비례해 그만큼 대사 능력도 같이 줄어들기 때문에 결과적으로 다이어트 효과는 신통치 않게 되는 것이다. 이러한 현상은 수많은 다이어트 경험자가 흔히 정체기를 맞는 주요한 원인이 된다.

2. 근육 손실

지나친 다이어트로 음식을 갑자기, 그리고 급격히 제한하면 이로 인한 에너지 결핍 때문에 우리 몸은 부족해진 칼로리를 찾아 궁여지책으로 근육을 포도당으로 바꿔 이용하게 된다. 이 과정을 전문용어로는 '포도당 신생합성gluconeogenesis'이라고 한다. 이 때문에 체중 감소가 원래 목표인 지방을 태우는 방식이 아니라 꼭 간직해야 할 귀한 근육 조직을 파괴하면서 이루어지는 것이다.

3. 지방 축적의 부작용

우리 몸에서 지방을 저장하는 데 주된 역할을 하는 것으로 '지단백 지질가수분해효소lipoprotein lipase'라는 다소 복잡한 이름의 효소가 있다. 지나친 저칼로리 다이어트는 이 효소의 활동을 촉진해 지방을 태우는 대신 오히려 더 많은 지방을 몸 안에 축적하려는 방향으로 작동하는 부작용이 생길 수 있다.

4. 갑상샘 호르몬 분비 감소

갑상샘 호르몬은 우리 몸의 기초대사율 조절에 크게 관여하는 호르몬이다. 만일 저칼로리 상태가 일정 기간 지속되면 갑상샘 호르몬 분비가 감소해 기초대사율이 줄어들게 되고, 이는 결국 다이어트에 부정적으로 작용한다.

5. 일상생활의 붕괴

지나치게 칼로리를 제한하면 심한 공복감을 느끼면서 하루 종일 음식에 관한 생각만 하게 된다. 이는 본능에 따른 당연한 생체 반응이지만, 이렇게 되면 제대로 된 생활이 가능하겠는가? 또 지나친 저칼로리 다이어트가 지속되면 에너지 결핍으로 공부나 업무의 효율이 줄어들 수밖에 없다. 물론 이런 문제가 전문 운동선수들에게는 목표 달성을 위한 극기 훈련의 한 과정일 수도 있겠지만, 대부분의 일반인에게는 그야말로 본말이 전도된 방법이다. 왜냐하면 다이어트도 우리의 건강한 생활을 위해 존재하는 것이지, 우리가 다이어트를 위해 살아가는 것은 아니기 때문이다.

지나치게 칼로리를 제한하는 것에 이렇게 부작용이 많다면, 다이어트에서 적정 칼로리 감소 기준은 과연 무엇일까? 가장 흔히 추천되는 기준은 현재의 섭취량에서 하루에 최소 500칼로리 이상은 줄이되 건강상의 부작용을 피하기 위해 1,000칼로리 이상은 줄이지 않는 것이다.

우리 몸의 지방 1킬로그램을 없애기 위해서는 약 7,700칼로리를 소비해야 하기 때문에 이 기준에 맞춰 계산해보자. 만일 매일 기준의 하한선인 500칼로리를 줄인다고 가정하면 일주일이면 500×7=3,500칼로리가 되고, 이는 450그램 정도의 지방을 태울 수 있다는 뜻이다. 이런 식으로 만일 하루 750칼로리를 줄인다고 생각하면 일주일에 약 680그램의 지방을 태울 수 있고, 기준의 상한선인 1,000칼로리를 매일 줄인다면 일주일에 약 900그램, 즉 1킬로그램 정도의 체중을 줄일 수 있다는 뜻이다.

그런데 이렇게 수치를 고정해 기준을 정하는 것은 각 개인의 체중이나 평소 칼로리 섭취량을 전혀 고려하지 않는다는 단점이 있다. 그래서 이보다 합리적인 기준으로 등장한 것이 소비해야 할 적정 칼로리를 퍼센트로 결정하는 방법으로 평소 섭취하는 칼로리 양에서 15~20퍼센트를 기준으로 감소시키는 것이다.

평소 하루에 2,500칼로리를 섭취하는 사람이라면 20퍼센트에 해당하는 500칼로리를 줄여 앞으로는 하루에 2,000칼로리씩 섭취하는 방식이다. 여기서 주의할 점 한 가지는 이러한 계산 기준에 관계없이 하루 칼로리 섭취 하한선으로 남성 1,800칼로리 이상, 여성 1,200칼로리 이상을 설정해 어떤 경우에도 이 정도 이상은 섭취하도록 하는 것이 장기간 부작용 없는 다이어트를 위해서 바람직하다.

그런데 어떤 칼로리 감소 기준을 따라 다이어트에 돌입하든 중요한 전제조건은 반드시 운동을 함께 해야 한다는 것이다. 이로써 지방 감소를 최대화하면서 근육 소실은 최소화하는 이상적인 다이어트 결과를 낼 수 있기 때문이다. 결론적으로 바람직한 다이어트는 결국 칼로리 감소는 적게 하고 운동으로 이를 보충하는 것이지, 지나친 저칼로리 다이어트로 실생활에서 마치 개의 꼬리가 머리를 흔드는 상황을 만드는 것은 피해야 한다.

청춘을 되돌려주는 근력운동 시작하기

중년에게 근력운동이 필요한 4가지 이유

불과 수십 년 전만 해도 50대에게 근력운동은 일종의 금기어였다. 나이가 들면서 그렇지 않아도 각종 질병에 시달리고 있는데 순간순간 무거운 무게를 다루어야 하는 근력운동의 특성상 건강에 좋을 리가 없다는 선입관 때문이었다. 그러다 인식이 변하면서 근력운동을 하는 중년들이 차츰 늘어나기 시작했고, 지금은 주위에서 시니어 몸짱들을 보는 것이 그다지 어렵지 않은 세상이 되었다.

  '근육이 연금보다 강하고 단단한 치아가 자식보다 든든하다'

라는 말이 있다. 튼튼한 치아는 예부터 인생 오복의 하나로 여겨졌지만, 최근에는 임플란트 기술의 발전으로 타고난 복이 없는 사람도 그 복을 어느 정도 누릴 수 있게 되었다. 그러나 근육은 여전히 다르다. 나이가 들면서 노화 현상의 하나로 생기는 근육 감소를 만회할 만한 의학적 방법이 아직은 요원하다. 방법은 오직 하나, 스스로 땀을 흘리며 연금보다 강한 노후를 보장하는 수밖에 없다.

그러면 근력운동의 필요성에 대해 조금 더 구체적으로 알아보기로 하자.

1. 당당한 모습으로 회춘하기

50대는 한눈에 보아도 겉모습에서 젊은이들과 차이가 난다. 얼굴만을 이야기하는 것이 아니다. 뒤로 돌아서 있어도 자세에서 큰 차이를 보이는 경우가 많다. 걷는 모습에서도 활력이 느껴지지 않는다. 이때의 명약이 바로 운동이다. 물론 유산소운동으로 단련된 사뿐한 몸도 중요하지만, 근력운동으로 다져진 탄탄한 몸매야말로 50대를 회춘시키는 결정적인 무기다.

2. 생생한 활력의 원동력

50대에 들어서면 매사에 자신감이 떨어지기 마련이다. 여러 이유가 있겠지만 젊은 시절에 비해 현저하게 빈약해진 근육이 상당히 큰 요인이다. 만일 근력운동으로 강인한 체력과 힘을 다듬는다면 이로 인해 생기는 자신감은 그 가치가 이루 말할 수 없을 것이다. 그리고 이 자신감은 모든 활력의 원동력이 된다. 성별도 관계없다. 근육미 넘치는 여성의 생기는 주위를 언제나 환하게 만든다.

3. 각종 부상의 방지

나이가 들면 눈길에서 살짝만 넘어져도 골절이 생기는 경우가 많다. 어딘가에 부딪혔을 때도 마찬가지다. 이때 만일 근력운동으로 만들어둔 단단한 근육층이 있으면 이런 외부 충격으로부터 보호해주는 방탄조끼와 같은 역할을 해준다.

4. 다이어트 효과

흔히들 성공적인 다이어트의 3대 축으로 식이요법과 함께 유산소운동과 근력운동을 꼽고 있다. 그런데 대부분의 사람은 식이요법의 당위성은 물론 유산소운동의 중요성에 대해서는 쉽게 공감하면서도 근력운동의 필요성에 대해서는 고개를 갸우뚱한다. "몸을 굵고 우람하게 만들려는 것이 아니고 살을 빼려고 하는 다이어트인데 구태여 힘든 근력운동을 병행할 필요가 있느냐?" 하는 것이다. 이들 생각에는 '살을 빼기 위해서는 덜 먹으면서 유산소운동을 하고, 반대로 몸을 크게 만들기 위해서는 많이 먹으면서 근력운동을 해야 한다'는 일종의 고정관념이 자리 잡고 있다.

그렇지만 그 개념은 잘못된 것이다. 근력운동으로 근육을 만들면 기초대사율이 증가해 칼로리 소비에 결정적인 도움을 준다. 즉, 일상생활에서 소비되는 기초대사율을 증가시킨다면 칼로리 소비가 저절로 이루어져 다이어트에 상당히 유리하다는 뜻이다.

기초대사율은 우리 몸에서 지방을 제외한 신체질량 lean body mass의 크기와 정비례한다. 이는 글자 그대로 지방을 제외한 나머지 부분으로, 뼈, 근육, 피부, 혈액, 그리고 각종 장기 등으로 이루어진다. 이 구성 성분 가운데 우리가 노력으로 크기를 바꿀 수 있는 것은 근육이 유일하다. 바로 이 때문에 근력운동으로 근육을 키우면 그만큼 기초대사율이 높아지는 효과를 가져오고 그만큼 칼로리 소비가 자동으로 증가하는 것이다. 그리고 또 하나의 부수적인 장점은 근력운동을 하면 장기간의 다이어트로 인해 초래될 수 있는 무력감과 위축감에서 벗어날 수 있다는 점이다.

누구나 알아두어야 할 근력운동의 7가지 원칙

어떤 일을 할 때 목표는 명료해 보이는데, 이에 따른 이론은 복잡한 경우가 많다. 문제는 단지 복잡한 것뿐 아니라 여러 주장이 난무해 옳고 그름에 대한 판단이 어려울 때다. 근력운동의 세계에서도 예외는 아니다. 헬스클럽에서 선풍기를 트는 것이 옳으냐 아니냐와 같은 다소 엉뚱한 논쟁에서부터 적정 운동 시간, 알맞은 운동 강도에 이르기까지 논쟁거리는 다양하다.

어떨 때는 정답이 없을 때도 있다. 모든 운동이 다 그렇지만 근력운동에서도 그 어떤 이론보다 개인의 체질과 신체적 특성이 중요한 변수가 될 때가 많기 때문이다. 그렇다고 해서 효과적인 근력운동을 위해 반드시 알아두어야 할 일관된 원칙들이 없는 것은 아니다. 이런 원칙들은 근력운동을 하는 누구에게나 적용되기 때문에, 한 번쯤 그 내용을 되새겨본다면 그만큼 운동에 도움이 될 수 있을 것이다.

근력운동의 원칙이라고 할 만한 구체적 항목의 숫자는 전문가에 따라 다를 수 있지만 여기서는 다음과 같이 일곱 가지로 나눠보겠다.

1. 과부하overload의 원칙

이 원칙은 근력운동의 원칙 가운데 가장 기본이다. 이를 한마디로 정의하면 근육에 대한 일정 강도 이상의 자극이 없으면 근육이 발달하지 못한다는 것이다. 영어식으로 표현하면 'no pain, no gain' 즉 고통이 없으면 얻는 것도 없다는 뜻이다.

헬스클럽에 다니다 보면 주위 사람들이 운동하는 모습을 본의 아니게 지켜보게 된다. 그중에는 누구보다도 열심히 출석하면서 많은 시간을 투자하고 있는데도 수년간 체형이 전혀 변화하지 않는 사람도 많다. 물론 기본적으로 건강을 유지하는 데는 도움이 되겠지만, 운동으로 멋있는 몸을 만들고 싶은 경우에는 아쉬운 일일 것이다.

그런데 이런 사람들을 지켜보면 한 가지 공통점이 있다. 한 청년의 예를 들어보자. 그는 헬스클럽에 와서 잠깐 아령을 드는 듯하더니 5분간 휴대폰으로 무언가를 체크한다. 그리고 역기를 가볍게 한 번 들더니 이번에는 휴게실 탁자에서 다시 휴대폰으로 5분간 무언가를 한다. 이번에는 유산소운동이다. 러닝머신을 느린 속도로 조절한 뒤 느릿느릿 5분 정도 걷고 내려온다. 슬쩍 보니 30칼로리 정도를 소비한 것 같다. 그다음에는 자전거 타기다. 한쪽에는 핸드폰을 다른 한쪽에는 TV를 두고 보면서 최대한 여유로운 속도로 페달을 밟는다.

또 다른 예를 들어보자. 이번에는 한 중년 여성이다. 러닝머신에서 TV를 즐기면서 천천히 30분 정도 걷는다. 옆의 아주머니와 수다를 떠는 것도 잊지 않는다. 이렇게 유산소운동이 끝나면 모든 근력운동 기구들을 마치 열병식 점검을 하듯 차례차례 거의 무게를 걸지 않고 가볍게 해나간다.

이 두 사례의 문제점은 헬스클럽에 왔다 가는 시간을 포함해 운동에 바치는 시간이 적지 않음에도 멋지고 건강한 몸매를 갖는 일은 거의 불가능하다는 것이다. 세상의 모든 일이 그렇듯 가시적인 성과를 얻으려면 그에 상응하는 고통과 희생이 따라야 하기 마련이다. 운동에서 이런 고통과 희생은 바로 '과부하'의 원칙으로 나타난다.

그런데 여기서 한 가지 주의할 점이 있다. 바로 긍정적인 과부하와 부정적인 운동 과다overtraining 사이의 구별이다. 공부할 때도 적당한 부하는 학습 능률 향상을 위해 바람직하지만, 만일 이것이 개인의 수용 정도를 벗어난 과부하일 때는 오히려 한 개인을 좌절시키고 망가뜨리는 결과가 될 것임은 자명하다. 마찬가지로 운동에서도 정도를 벗어난 과부하는 피로감과 부상의 위험성만 극대화할 뿐 아무런 실익은 없는 결과를 초래하게 되는 것이다.

결론적으로 운동이 주는 모든 장점을 슬기롭게 모두 활용하기 위해서는 특정 강도 이상의 자극이 필수적이다. 그렇다고 해서 과부하와 운동 과다의 경계를 착각해 그야말로 인생에 '과부하'가 걸리는 일만은 피해야 할 것이다.

2. 점증progression의 원칙

이 원칙의 의미는 지속적이고 제대로 된 근육 발달을 위해서는 근육 자극을 조금씩 높여야 한다는 것이다. 매번 같은 강도를 자극해서는 근육 발달에 한계가 있기 때문에 일정 간격으로 자극을 단계적으로 늘려나가야 된다는 의미다. 엄격히 말해 이 원칙은 앞서 말한 과부하의 원칙의 연장선이다. 운동의 효과로 과부하에 어느 정도 적응이 되고 나면 이미 그 자극은 과부하로써 의미를 잃었기 때문에 발전을 위해서는 한 단계 진전된 과부하를 다시 주어야 한다.

3. 특정성 specificity 의 원칙

이 원칙은 용어는 사뭇 거창해 보이지만 그 내용은 간단하다. 우리 몸은 운동으로 자극받은 부분만 특정해서 발달할 뿐 그렇지 않은 부분은 변화가 없다는 뜻이다. 예를 들어, 열심히 달리기 운동을 하면 심폐 기능은 현저히 향상될지언정 우람한 가슴근육은 기대할 수 없고, 이와 반대로 벤치프레스 운동으로 놀라운 가슴근육을 자랑할 수 있게 되더라도 이것만으로는 유산소운동 능력을 전혀 보장해주지 못한다는 것이다. 근력운동에 국한해서 보더라도 팔 운동을 하면 팔 근육이 발달하고 다리 운동을 하면 다리 근육만 발달하기 때문에 결국 균형 잡힌 몸매를 위해서는 모든 중요 근육을 골고루 자극해주어야 한다는 것을 강조하는 원칙이다.

4. 변화 variation 의 원칙

효율적으로 근육이 발달하려면 같은 목적의 동작이라도 어느 정도 자극에 변화를 주어야 한다는 것이다. 이 원칙의 이론은 같은 동작의 자극만 반복하면 해당 근육이 균형 잡히게 발달하지 못할 뿐 아니라 같은 자극에 해당 근육이 이미 적응해버려 그만큼 운동 효과가 떨어진다는 것이다. 헬스클럽에서 흔히 볼 수 있는 벤치프레스라는 운동기구를 보면 이 원칙이 어떻게 적용되는지 알 수 있다. 벤치프레스는 평평한 벤치에서 하는 일반적인 기구 이외에도 인클라인 벤치프레스나 디클라인 벤치프레스처럼 가슴근육에 대한 자극의 방향을 변화시키는 다양한 형태의 기구가 있는데, 이를 적절히 병행할 때 가장 바람직하게 근육이 발달될 수 있다.

5. 개별성 individuality 의 원칙

이 원칙은 사람마다 나이, 성별, 인종, 영양 상태, 타고난 체질, 생활 습관 등이 모두 다르기 때문에 어떤 사람에게 효과가 있는 운동 방법이라고 해서 다른 사람에게도 반드시 효과가 있는 것은 아니라는 점을 말한다. 따라서 이런 점을 고려해 이른바 '맞춤 운동'을 해야 최선의 효과를 볼 수 있다. 체력이 약한 사람은 약한 강도의 운동을 하고 체력이 강한 사람은 거기에 맞춰 높은 강도의 운동을 할 때 비로소 제대로 된 운동 효과를 볼 수 있다는 뜻이다.

6. 성과 점감 diminishing returns 의 원칙

이 원칙이 의미하는 것은 근력운동 초기에는 약간의 운동으로도 몸이 눈에 띄게 달라지지만, 시간이 지날수록 웬만큼 열심히 운동해도 그 성과가 예전에 비해 줄어든다는 뜻이다. 가령 바둑을 배울 때를 가정하면, 가장 낮은 급수인 18급에서 중간 단계쯤 되는 5~6급까지는 순식간에 올라가는 경우가 흔하다. 그러나 이런 단계를 넘어서고 나서는 한 급수를 올리는 것이 얼마나 어려운지 경험해본 사람은 쉽게 알 것이다. 이런 현상은 모든 수련과 배움의 과정에서 공통적으로 나타나는데, 이 원칙을 제대로 이해하면 운동에서 정체기를 맞았을 때 이로부터 현명하게 벗어날 수 있는 중요한 심리적 장치를 마련할 수 있다.

7. 가역성 reversibility 의 원칙

이 원칙은 쉽게 말해서 근력운동을 중단하면 전문 운동선수든 일반인이든 가리지 않고 그동안의 성과가 물거품이 되고 만다는 뜻이다. 많은 연구 결과에 따르면 운동을 중단한 뒤 불과 1~2주만 지나더라도 몸이 원래대로 되돌아가는 뚜렷한 변화를 느끼게 되고 운동을 중단한 채로 여러 달이 지나면 그동안의 운동 성과가 완전히 사라지는 지경에 이른다고 한다. 운동 성과가 없어지는 속도는 개인에 따라 차이가 있지만, 일반적으로 50대 이상에서 더 빠르게 나타난다. 이런 가역성의 원칙을 잘 이해하면 운동을 중단하지 않고 꾸준히 하는 것이 얼마나 중요한 것인지 깨닫게 된다.

　지금까지 근력운동의 일곱 가지 원칙에 관해 설명했지만, 사실 이런 내용은 대부분 상식적인 것이지 새롭거나 놀라운 논리를 담고 있지는 않다. 그러나 따지고 보면 세상의 진리라고 하는 대부분이 그렇지 않겠는가? 한때 장안의 지가를 올렸던 로버트 풀검의 책 제목《내가 정말 알아야 할 모든 것은 유치원에서 배웠다》라는 표현대로 '규칙적인 운동을 해야 한다', '영양을 골고루 섭취해야 한다'라는 등의 당연한 가르침은 그 이론이 어려워서 못하는 것이 아니고 실천할 의지가 부족하기 때문이다. 앞서 말한 근력운동의 원칙들도 결국 마찬가지다. 다만 이들을 이따금 되새겨보는 시간을 갖는다면 평생 마음을 다잡고 꾸준히 운동을 해나가는 데 큰 도움이 될 것이다.

헬스클럽 정글 헤쳐나가기

오늘날 도시에 사는 사람 가운데서 건강관리를 위해 헬스클럽에 한 번쯤 드나들지 않은 사람은 찾아보기가 어려울 것이다. 피트니스 센터로도 불리는 헬스클럽은 그만큼 우리 주위에서 흔히 볼 수 있는 친숙한 시설이 되었다. 그러나 돌이켜보면 우리나라에서 오늘날과 같은 현대화된 헬스클럽이 보편화된 것은 1980년대 이후부터로 불과 40여 전 정도다. 물론 그전에도 학교, 직장, 공공기관 등에 관련 운동 시설이 있었고, 서울 등 대도시에 사설 체육클럽이 없었던 것은 아니지만 당시에는 일부 한정된 사람들의 전용 공간이나 다름없었다.

그렇지만 헬스클럽이 대중화되기 이전이라고 해서 사람들이 근력운동을 하지 않은 것은 당연히 아니었다. 다만 옛날에 쓰던 기구는 역기와 아령이 거의 전부라 해도 과언이 아닐 정도였다. 게다가 이런 운동기구의 품질도 오늘날과는 사뭇 달라서 마당이나 태권도 도장 한구석에서 흔히 볼 수 있었던 시멘트로 만든 거친 역기가 주를 이루었다.

이런 흐름은 체계화된 근력운동 역사가 우리보다 훨씬 긴 서양 국가의 경우에도 시점의 차이만 있을 뿐이지 크게 다르지 않았다. 서양의 기록에 따르면 19세기경까지는 바위나 가구를 이용해 운동하거나 심지어 가축을 들어 올리는 것으로 근력운동기구를 대신했다고 전해진다. 그러던 것이 지금은 특별히 작은 규모의 동네 헬스클럽을 제외하고는 어느 곳에 가더라도 어지러울 정도로 많은 운동기구가 위압적으로 도열하고 있는 것을 볼 수 있다. 이 때문에 초보자들은 운동을 시작하기도 전에 마치 울창한 정글에 처음 들어온 것처럼 당황하게 된다.

그러나 운동기구의 종류가 아무리 많아 보이더라도 기본적인 체계는 매우 간단하다. 주로 역기나 아령처럼 우리가 익히 알고 있는 전통적인 운동기구인 '프리웨이트free weight'와 이용자의 편의와 안전을 위해 개발된 운동기구인 '웨이트머신weight machine'의 두 종류로 나뉜다.

프리웨이트는 운동기구가 어떤 장치에도 붙어 있지 않아 이용자가 자신의 스타일에 따라 자유롭게 운동 방향이나 방법을 조절할 수 있다는 데서 유래한 이름이다. 우리나라 말로 굳이 번역하자면 '자유 중량' 정도인데, 어감이 다소 어색해 헬스클럽에서는 보통 영어 명칭을 그대로 사용한다.

프리웨이트는 다시 구체적으로 손을 지지하는 중량봉(바bar)과 무게를 조절하는 중량판(웨이트 플레이트weight plate)으로 나뉜다. 역기(바벨barbell)의 경우 긴 중량봉이 있는 반면, 아령(덤벨dumbbell)은 중량봉이 짧다는 특징이 있다. 이런 길이의 차이 때문에 역기는 두 손으로 잡고 운동해야 하고 아령은 한 손을 사용해 운동해야 한다.

아령은 기원전 5세기경부터 고대 그리스에서 사용된 오래된 운동기구 중 하나다. 아령啞鈴이란 용어는 덤벨을 한자 그대로 번역한 것으로 '벙어리 종'이라는 의미다. 일본에서는 벙어리 아啞 자를 장애인을 비하하는 차별적인 표현으로 생각하여 대신 버금 아亞 자를 사용하기도 한다.

프리웨이트의 장점은 무엇보다 이용자가 자신의 필요에 따라

운동을 선택할 수 있다는 것으로, 다음에 설명할 웨이트머신이 한 방향으로의 움직임만을 효율적으로 하기 위해 개발된 것과는 크게 대비된다. 그러나 프리웨이트는 무게가 무거워질수록 기구를 정확하게 다루기가 쉽지 않고, 부상의 위험도 상대적으로 커지기 때문에 초보자들에게는 부담으로 작용할 수 있다.

반면 웨이트머신은 이런 프리웨이트의 단점을 보완해 개발된 운동기구다. 웨이트머신은 무게틀weight stack 안에 차곡차곡 쌓여 있는 네모난 중량판들에 연결된 손잡이를 밀거나 당기는 형태로 작동된다. 이때 무게는 사용자가 원하는 위치에 있는 중량판의 홈에 핀을 꽂아 조절하면 된다. 그만큼 사용하기에 편리하고 안전하다.

웨이트머신은 스미스머신smith machine이라고도 불리는데 여기에는 유래가 있다. 1950년대 말, 미국의 헬스클럽 경영자이자 보디빌더였던 루디 스미스는 자신이 총지배인으로 일하던 로스앤젤레스의 '빅 테니 짐'이라는 헬스클럽에 새로운 개념을 접목한 기구를 설치했다. 그 후 이 기구들이 점차 주위에 알려지면서 그의 이름이 붙은 것이다. 그런데 사실 이 기구들을 처음 발명한 진짜 주인공은 '피트니스계의 첫 슈퍼 히어로'로 불렸던 잭 라란느란 사람이었다. 그는 건강한 몸으로 아흔을 훌쩍 넘길 만큼 장수했는데, "운동은 왕이고 영양은 여왕이다. 이 둘을 함께 하면 왕국을 가질 수 있다"라는 명언으로도 유명했다. 라란느는 자신의 헬스클럽에 초기 형태의 웨이트머신을 처음으로 설치했고, 가까운 사이였던 스미스가 이를 실용적으로 개선해 본격적인 상업화에 성공한 것이었다.

웨이트머신의 가장 큰 장점은 역시 안전성이다. 중량 자체가 기계에 고정되어 있어 프리웨이트 운동에서처럼 따로 균형을 잡아줄 필요가 없으므로 근육에 무리가 갈 확률이 줄어든다. 또 기구를 떨어뜨리거나 중량판이 잘못 빠져 생기는 부상을 원천 봉쇄할 수도 있다. 더구나 프리웨이트에 비해 기구를 다루는 데 크게 힘이 들지 않기 때문에 초심자나 여성, 또는 노약자가 이용하기에 매우 편리하다. 운동할 때마다 역기처럼 중량판을 갈아 끼우는 수고를 덜 수 있다는 점도 큰 매력이다.

그러나 이런 여러 가지 장점에도 웨이트머신이 반드시 이상적인 운동기구는 아니다. 특성상 미리 고정된 방향으로만 운동이 되기 때문에 근육이 선택적으로 자극받을 수밖에 없고, 일부 프로 운동선수들은 근력운동의 참맛이 떨어진다는 이유로 프리웨이트를 선호하기도 한다. 그렇지만 이런 문제는 마치 자동차를 수동 클러치로 운전하다가 자동 변속기가 등장하며 운전 법이 바뀔 때의 반응과도 비슷한 느낌이다. 수동 클러치 애호가들은 자동 변속기에서는 운전하는 기분이 제대로 나지 않고 왠지 모르게 힘이 부족하다고 주장한다. 그렇지만 이제는 자동 변속기가 편의성과 안정성을 무기로 대세가 된 지 오래다.

웨이트머신에 이름을 붙이는 방법 역시 의외로 간단하다. 대개 명칭의 한 부분은 운동 대상이 되는 근육을 가리키고, 또 다른 부분은 기구의 작동 방식을 표시한다. 예를 들어, 가슴 운동기구에 붙어 있는 '체스트 프레스 머신chest press machine'은 글자 그대로 가슴chest을 미는 동작press으로 운동한다는 뜻이다. 같은 논리로 팔을 구부려서 이두박근 운동을 하는 기계는 '암 컬 머신arm curl machine', 다리를 구부려서 하는 운동기구는 '레그 컬 머신leg curl machine' 등으로 부르는 것이다.

비록 초보자라도 지금까지 설명한 정도의 상식이면 웬만한 헬스클럽의 정글을 헤쳐나갈 기본 지식은 갖춘 셈이다. 그러나 가장 중요한 것은 진정으로 정글을 헤쳐나가고자 하는 실천 의지라는 것을 잊어서는 안 된다.

운동 방해꾼들에게 올바르게 대처하는 법

운동 부상이라는 불청객

운동을 전문으로 하든 취미로 하든 청하지도 않았는데 어느 날 불쑥 찾아오는 반갑지 않은 손님이 있다. 바로 운동 부상이다. 열심히 운동을 해보려고 의지를 다잡은 뒤에 치밀한 계획을 세워 실행에 옮기고 있다 하더라도 예기치 않은 운동 부상이 찾아오면 운동에 지장을 받는 것은 물론이고 그동안에 쌓아두었던 성과조차 속절없이 사라지는 경우를 종종 경험하게 된다. 그러나 불청객이라고 해서 함부로 돌려보낼 수 없듯이 운동 부상 역시 일단 발생하면 어떻게든 잘 다스려 돌려보낼 수밖에 없다.

운동 부상의 종류에는 의사의 전문적인 치료가 필요한 심각한 부상에서부터 적절한 자가 치료와 휴식만으로도 웬만큼 치료가 가능한 부상까지 다양하다. 전자는 무조건 신속하게 병원을 찾아가는 것이 최선이지만, 후자는 부상 상태에 대한 정확한 판단과 지식이 얼마나 있느냐에 따라 이를 극복하는 과정에서 많은 차이가 있다. 이런 의미에서 지금부터 몇 가지 대표적인 가벼운 운동 부상에 대해 알아보기로 하자.

1. 근좌상 筋挫傷, muscle strain

우리말로는 근육을 접질렸거나 삐긋한 것인데, 의학적으로는 근육섬유나 힘줄이 갑자기 늘어나면서 소규모로 찢어져서 생기는 증상이다. 근좌상은 꼭 운동뿐만 아니라 일상적인 활동 중에도 생길 수 있다. 증상은 주로 부상을 당한 부위가 부어오르면서 통증이 느껴지거나 미세출혈로 인한 멍이 생기는 것이다. 근좌상이 잘 생기는 부위는 가슴근육이나 무릎 뒷부분의 오금줄(햄스트링)과 허벅지 안쪽의 사타구니 근육이다. 구체적인 운동 동작을 예로 들면 벤치프레스를 할 때 무리하게 힘을 주어 밀어올리거나 스쿼트 동작에서 너무 빨리 일어설 때 생길 수 있다. 이럴 때는 보통 갑자기 날카로운 통증이 생긴 후 통증이 계속된다.

근좌상이 생기면 흔히 '쌀 치료'라고 불리는 'RICE' 치료법을 사용하는데, 이는 'Rest(휴식)', 'Ice(얼음)', 'Compression(압박)',

'Elevation(다리 올리기)'의 머리말 약자다. 이때 얼음찜질은 부상 부위의 혈액 공급을 줄여 부종과 통증을 완화하는 역할을 하게 된다. RICE 치료법과 함께 약간의 소염제를 복용하기도 한다.

2. 염좌 捻挫, sprain

이는 뼈와 뼈 사이의 관절을 연결해주는 인대라는 조직이 외부 충격으로 늘어나거나 부분적으로 찢어지는 경우를 말한다. 근좌상 역시 의학용어로 염좌라고 혼용할 때도 있다. 우리말로도 근좌상과 비슷하게 '발목이나 손목이 접질렸다', 또는 '삐었다'라고 표현한다. 염좌는 발목에서 가장 많이 생기고 손목에도 빈발한다. 증상은 대체로 근좌상과 비슷하나 통증이 조금 더 심한 편이다. 치료 방침은 역시 앞에 설명한 'RICE'에 준한다. 운동 전에 제대로 준비운동을 해 관절을 미리 따뜻하게 해주면 상당 부분 예방할 수 있다.

3. 정강이통 shin splints

달리기 후에 특별한 이유 없이 정강이가 아픈 증상이 생기는 경우로 의학적으로는 '내측 경골 스트레스 증후군medial tibial stress syndrome'이라는 긴 이름으로도 불린다. 병명 그대로 갑작스럽고 과도한 근육 스트레스로 정강이뼈(경골)를 싸고 있는 결체조직에 이상이 생겨 뼈와 그 위의 근육 사이가 약간 벌어지는 것이 원인이다. 주로 달리기 시간을 갑자기 너무 늘리거나 익숙하지 않은 장소에서 달릴 때 또는 신발에 문제가 있을 때 잘 발생한다. 일단 정강이통이 생기면 치료는 역시 'RICE' 방침이 기본이다. 만일 제대로 치료해주지 않고 방치하는 경우에는 피로골절 또는 본격적인 골절과 같은 심각한 문제로까지 악화될 수 있으므로 주의가 필요하다.

4. 피로골절 stress fracture

이는 강한 충격 때문에 발생하는 일반적인 골절에 비해 몸무게를 지탱하는 뼈인 정강이뼈나 발뼈에 반복적으로 지나친 스트레스가 가해짐으로써 생기는 골절이다. 가는 금처럼 미세한 형태로 골절이 생기기 때문에 흔히 '머리선 골절 hairline fracture'이라고도 불린다. 피로골절이 생기면 달릴 때 해당 부위에서 통증을 느끼게 된다. 그러나 안정 시에는 특별한 통증이나 압통을 느끼지 못할 때도 많다. 정강이뼈에 생기는 피로골절은 정강이통과 혼동될 수도 있는데 피로골절은 정강이통보다 한정된 부위에서 불편감이 느껴진다. 피로골절 치료의 핵심은 충분한 휴식이다. 필요하면 일반적인 보행 시에도 충격을 완화해줄 수 있는 장치를 착용하면서 회복을 도와주어야 한다. 회복에 걸리는 기간은 부상과 휴식 정도에 따라 달라지는데 보통 수주에서 수개월까지 걸릴 때도 있다.

5. 물집 blister

이는 무리하게 달리거나 걷고 나서 발생되는데, 과도한 마찰로 피부에 물을 함유한 작은 주머니가 생기는 것이다. 의학적으로는 피부의 최상층인 진피와 그 아래층 사이에 물이 축적된 상태를 말한다. 만일 물집을 만들 수 있는 자극보다도 약한 자극이 오래 지속되면 물집 대신 굳은살 callus 이 생긴다. 일단 물집이 생기면 물집 안의 액체가 보호 역할을 해주기 때문에 가능하면 그대로 둔 채 새 피부조직이 자랄 때까지 기다리는 것이 좋다. 그러나 통증 때문에 물집을 터뜨려야 하는 경우에는 물집 위의 껍질은 그대로 유지해 피부를 보호하도록 해야 한다. 그리고 물집은 이론적으로 언제든지 감염될 수 있기 때문에 물집을 터뜨릴 때는 되도록 소독한 도구를 사용해야 한다.

이상으로 운동에서 비롯될 수 있는 가벼운 운동 부상의 몇 가지 예들을 소개했다. 여기서 중요한 것은 결국 대부분의 운동 부상은 자신의 능력보다 무리해서 운동할 때 발생할 확률이 높다는 것이다. 운동에 웬만큼 적응된 상태라고 해도 평소 무리가 되지 않을 정도의 운동량을 꾸준히 유지하면서 운동량을 늘릴 때는 조금씩 점진적으로 하는 것이 바람직하다. 그밖에 운동 전 충분한 준비운동은 필수이며, 만일 운동 부상이라는 불청객을 만난다면 미련 없이 운동을 중단하고 충분한 휴식을 취하는 것이 최우선이라는 것을 명심해야 한다.

뒤늦게 찾아오는 지연성 근육통

운동 부상은 아니지만 운동과 연관된 통증 가운데 '지연성 근육통'이라는 것이 있다. 요즘은 전보다 보기 힘들어졌지만, 코로나 이전만 해도 주말이면 직장에서 단합대회를 겸해 주말 산행을 하는 경우가 많았다. 대부분 초심자에게도 부담 없는 산을 선택하지만 평소에 등산이라곤 해본 적 없는 사람들이 반나절 정도 열심히 산을 타다 보면 다음 날 종아리에 알이 배기면서 걸을 때마다 통증이 느껴지는 경우가 많다. 또 건강을 위해 마음먹고 헬스클럽에 등록해 첫날 의욕에 넘쳐 열심히 역기, 아령을 들고 난 후 다음 날 팔에 통증이 와서 힘들어하는 경우도 있다.

운동 후에 흔히 경험하게 되는 이런 종류의 근육통은 지연성 또는 지연 발생 근육통Delayed Onset Muscle Soreness, DOMS이라 불리는 현상으로, 글자 그대로 운동 직후에는 특별한 증상이나 통증이 없다가 뒤늦게 근육에 통증이 생기는 것을 말한다. 운동 중에 본인의 능력을 벗어난 무리한 동작을 하다가 생기는 급성 근육통과는 엄연히 다른 상태다. 지연성 근육통은 자신에게 익숙하지 않은 운동을 하거나 평소보다 강도 높은 운동을 했을 때 발생한다. 이 근육통은 보통 운동 후 하루, 이틀 안에 생겼다가 2~3일

정도 지속된 후 서서히 저절로 완화된다. 주된 증상은 해당 근육에 힘을 주거나 뻗고 수축할 때 생기는 둔한 통증이다. 예리한 형태의 통증은 느껴지지 않는다. 가만히 쉬고 있을 때도 느낌은 있지만 불편할 정도는 아니다. 해당 근육을 눌렀을 때도 통증이 감지될 수 있다.

지연성 근육통과 앞서 말한 운동 부상과의 결정적인 차이는 치료 방법이다. 운동 부상에서는 불편감이 느껴지는 순간부터 되도록 빨리 해당 근육을 쉬게 해주는 것이 최선이지만 지연성 근육통에서는 반드시 그렇지는 않기 때문이다. 며칠 지나면 저절로 상태가 좋아질 뿐 아니라 심지어 어떤 사람들은 이런 근육통은 운동으로 풀어주어야 한다면서 오히려 아무렇지도 않은 듯 운동을 계속하기도 한다. 실제 지연성 근육통이 생긴 이후에 운동을 계속하면 처음에는 일시적으로 통증이 약간 더해지지만 결국은 별문제 없이 근육통이 해소되는 경험을 하게 된다. 물론 그렇다고 해서 운동을 계속하는 것이 반드시 빠른 회복을 보장해준다는 뜻은 아니다.

지연성 근육통에도 훈련 효과가 있다. 즉 한번 이를 경험하면 이후 비슷한 운동 자극이 주어지더라도 근육통이 생기지 않는 것이다. 그 정도는 사람에 따라 다르지만 대개 효과는 수 주 동안 지속된다. 그러나 만일 운동을 재개하는 기간이 길어지면 길어질수록 훈련 효과는 점점 사라지게 되는데, 보통 1년쯤 지나면 완전히 소실된다.

지연성 근육통을 예방하기 위해서는 운동량을 단계적으로 늘려나가는 것이 최선이다. 이론적으로는 지연성 근육통을 일으키는 기전인 '신장성 근수축(근육을 이완시키는 동작)'을 어느 정도 제한하는 것이 도움이 될 수도 있다. 이를테면 아령을 든 뒤 팔을 펴는 동작을 할 때 지나치게 펴지 않고 어느 선을 넘지 않는 것이다. 그렇지만 근육에 따라서는 이런 방법이 불가능할 때도 많고, 지연성 근육통이 심각한 상태를 유발하지는 않기 때문에 이를 예방하기 위해서 지나치게 신경을 쓰는 것 자체가 오히려 운동 과정을 방해할 수도 있다. 치료 또한 특별한 조치가 필요하지 않은 경우가 대부분이다. 며칠 지나면 저절로 낫기 때문이다. 군이 신경이 쓰인다면 근육통에 사용하는 다양한 대증요법 중 한두 가지를 선택해 시도하면 된다.

운동 중독으로 일상이 무너질 때

과유불급, 지나친 것은 미치지 못한 것과 같다는 뜻이다. 바쁜 생활에 쫓기고 나이까지 50세를 넘기고 나면 이런저런 이유로 운동이 부족해 건강을 제대로 돌보지 못하는 데 대한 자책감이 클 수밖에 없다. 그러다 규칙적으로 운동을 거르지 않고 꾸준히 해나가는 사람을 보면 그런 시간을 가질 수 있는 행운과 강한 의지에 부러운 감정을 숨길 수가 없게 된다. 게다가 어떤 사람들은 옆에서 보기에도 놀라울 정도로 운동에 열중해 본인은 물론 지켜보는 사람들에게도 마치 건강의 화신과도 같은 인상을 주곤 한다.

그러나 과연 그런 것일까? 세상 모든 일의 이치가 그렇듯 너무 과한 것은 부족한 것만 못한 경우가 있다. 실제로 운동 애호가들 가운데 적지 않은 수가 자신도 모르는 사이에 이른바 '운동 중독' 상태에 빠져 있다. 다만 운동 중독은 그 실체는 엄연히 존재하지만 아직 질환으로 인정받지도 못하고 또 과학적으로 명확하게 진단할 수 있는 기준도 없는 실정이기 때문에 어떤 사람을 운동 중독이다 아니다 판단하기는 쉽지 않다. 병적인 '운동 중독exercise addiction'과 단순히 '과도한 운동excessive exercise' 사이의 경계가 여전히 모호하기 때문이다.

운동 중독에 걸린 사람은 운동을 일상의 어떤 일보다도 중요하게 여기기 때문에 삶의 모든 우선순위를 운동에 두게 된다. 그들은 폭염에도 뛰고 빗속에서도 달린다. 우의 정도가 아니고 아예 우산을 받쳐 들고 장대비 속에서 조깅하는 사람도 있다. 계획된 운동을 제때 소화하지 못하면 금단 증상과 함께 일종의 죄책감에 시달리기 때문이다. 헬스클럽에 가는 날이면 웬만한 회식이나 약속도 온갖 변명을 대고 빠진다. 그렇지 않으면 자신의 인생 가치가 허물어지는 느낌을 받기 때문이다.

그러다 보니 부상 등으로 인해 운동을 지속하기 적당하지 않은 상태에서도 운동을 강행하는 경우도 있다. 손목이 아프면 며칠 쉬면 될 것을 붕대를 감고 어떻게든 아령을 들려고 한다. 다리가 아파 절뚝거리면서도 정해놓은 거리를 뛰어보려고 애쓴다. 그들은 부상 중에 운동함으로써 느끼는 신체적 고통보다 운동하지 못해서 생기는 정신적인 고통을 훨씬 더 괴롭다고 여기기 때문이다.

현재 운동 중독 기전으로 가장 많이 거론되고 있는 것은 바로 엔도르핀endorphine 연관설이다. 엔도르핀은 우리 뇌 속에 존재하는 내인성 물질인데 모르핀보다 훨씬 강력한 마약 성분이며 내인성 모르핀endogenous morphine이라고 해서 엔도르핀으로 불리게 되었다. 엔도르핀 연관설은 몸이 격렬한 운동에 시달리면 시달릴수록 그 고통을 잊기 위해 엔도르핀이 다량 배출되어 결과적으로 심리적인 쾌락을 느끼게 된다는 이론이다. 그리고 운동 중독에 빠진 사람이 좀처럼 헤어나지 못하는 것도 바로 엔도르핀 금단 현상 때문이라는 것이다.

결국 운동 중독은 일반적인 마약 중독 상태에서 보이는 의존성, 내성(똑같은 효과를 얻기 위해 운동 강도를 점점 높여야 하는 것), 그리고 금단 증상의 세 가지 특징을 모두 가지고 있다. 현재 운동 중독 상태를 판단할 수 있는 여러 기준이 소개되고 있지만 가장 간단하게는 다음과 같은 세 가지 항목에 '예'라고 대답하면 운동 중독으로 보아도 무방하다. ①정해진 운동을 거르면 불안, 우울, 죄책감 등을 느낀다. ②운동을 위해서라면 중요한 사회적 약속도 피한다. ③부상이 있음에도 불구하고 운동을 계속한다.

여기서 결국 중요한 것은 삶을 중심으로 운동을 이끌고 가야지 운동을 중심으로 삶을 만들어가서는 안 된다는 점이다. 만일 그렇게 된다면 이는 마치 운동이라는 꼬리가 삶이라는 머리를 흔드는 형국이 되지 않겠는가?

헬스클럽에 갈 수 없는 상황이라면?

치열한 경쟁 사회에서 대부분의 헬스클럽은 더 많은 고객을 유치하기 위해 최선을 다해 쾌적한 공간과 각종 첨단 운동기구들을 배치해놓고 있다. 이런 의미에서 보면 운동의 효율적인 측면에서 헬스클럽을 이용하는 것이 가장 바람직할지 모른다. 더구나 요즈음에는 동네 어디서나 헬스클럽 한두 개쯤은 볼 수 있을 정도로 접근성도 좋다.

그러나 가끔은 어쩔 수 없이 헬스클럽을 이용할 수 없는 상황이 생긴다. 가장 대표적인 경우가 여행할 때다. 유산소운동은 편한 운동복과 운동화만 준비하면 숙소 인근 도로나 공원에서 얼마든지 달릴 수 있지만 근력운동은 그렇지 않다. 기본적인 아령이나 역기조차 이용할 수가 없어 난감할 때가 한두 번이 아니다. 근력운동을 해본 사람들은 알겠지만, 하루 이틀 정도는 괜찮아도 사흘 이상 근육 자극을 제대로 주지 못하면 견디기가 쉽지 않다.

이 때문에 나 역시 업무나 여행으로 외국에 나갈 때마다 숙소 선정의 우선순위는 항상 헬스클럽의 존재 유무였다. 규모가 크고 기구가 많으면 좋겠지만 어느 정도는 작거나 기구 종류가 부실해도 상관없다. 근력운동에 대한 기본 갈증만 풀면 충분하기 때문이다. 크든 작든 피트니스 시설을 갖춘 호텔은 그렇지 않은 호텔보다 아무래도 비용 부담이 있지만 어쩔 수가 없다.

2020년 페루의 수도 리마에서 8개월간 스페인어 어학연수를 할 때의 일이었다. 당시 숙소 선정에도 당연히 피트니스 센터 존재 여부가 검색 필터링의 높은 순위였다. 애써 고른 덕분에 숙소였던 아파트에 있는 주민용 피트니스 센터는 기대에 크게 어긋나지 않았다. 비록 규모는 크지 않았지만 오히려 이용객이 아주 적어 조용하게 운동을 즐길 수 있었다.

그런데 그렇게 운동을 즐긴 지 불과 일주일도 되지 않았을 때인 2020년 3월 15일, 당시 코로나 바이러스로 인한 국가비상사태가 전격 선언되면서 페루 내의 모든 운동 시설이 폐쇄되었다. 아파트 내 시설도 예외는 아니었다. 개인적으로 곤혹스러울 수밖에 없는 상황이었지만 유사시를 대비해 미리 준비해 간 운동용 고무밴드가 큰 역할을 했다.

처음에는 새벽마다 숙소 앞 큰길에 있는 산책로의 벤치나 가로수를 지지점으로 삼아 운동을 해나갔다. 다년간의 운동 경험으로 중요 근육의 효과적인 자극 포인트들을 잘 알고 있는 것이 큰 도움이 되었다. 상쾌한 새벽 공기는 덤으로 즐거움을 주었다. 그러던 중 리마의 새벽 날씨가 점점 추워지기 시작했다(페루는 우리나라와 계절이 정반대다). 게다가 강제 사회 격리가 점점 강화되면서 순찰하는 경찰들의 단속도 심해졌다. 그래서 얼마 후에는 아예 방에서 의자와 옷장의 옷걸이 지지대를 활용해 운동하기 시작했다. 춥지도 않고 주위의 눈치를 살필 필요도 없는 데다 운동 중에 TV를 틀어놓고 스페인어 청취 훈련을 겸할 수 있다는 장점도 있었다.

그런데 밴드를 얼마나 열심히 반복해서 당겼는지 두 달이 지난 5월 어느 날 운동 중에 밴드가 날카로운 소리를 내면서 두 조각으로 끊어지고 말았다. 가장 고강도로 주문한 말레이시아산 강력 고무밴드인지라 끊어지리라고는 생각도 하지 못했다. 국가비상사태이니 새 밴드를 구할 곳도 없었다. 어쩔 수 없이 끊어진 반쪽 조각으로 운동을 계속했는데 또 한 번 끊어지고 말았다. 부득이 운동용으로 쓰기 힘든 한 조각은 버리고 그나마 상태가 나은 두 조각을 활용해 운동을 계속했다. 그 후에도 운동밴드의 수난은 계속되었다. 두 조각이 세 조각이 되고 세 조각은 다시 네 조각이 되었다.

쓰레기통에 버린 조각까지 합하면 결국 다섯 조각이 난 셈이

다. 이런 노력 덕분이었는지 8개월 동안 제대로 된 운동기구가 전무한 상태에서도 그런대로 몸을 잘 유지할 수 있었다. 그야말로 '궁즉통'의 시간이었던 셈이다.

근력운동 밴드는 회사에 따라 조금씩 차이는 있지만 제품들의 강도가 다양하므로 자신의 근력에 맞춰 적당한 것을 선택하면 된다. 웬만한 상·하체 운동은 대부분 소화할 수 있으며 복근 운동까지 가능하다. 제품마다 사용설명서에 그림과 함께 설명이 되어 있기 때문에 큰 어려움 없이 이해할 수 있는데 중요한 것은 각자 자신에게 적당한 운동 방법을 선택하는 것이다. 조금 익숙해지면 자신에게 맞는 맞춤형 운동을 스스로 개발할 수도 있다.

물론 여건만 허락하면 정식 헬스클럽을 이용하는 것이 최선일 것이다. 그러나 만일 어쩔 수 없는 상황이라면 운동밴드와 같은 임시 방편책도 훌륭한 대안이 될 수 있다. 이조차 없더라도 맨몸으로 주위의 지형지물을 이용해 운동을 해나갈 수도 있다.

옛말에 '서투른 목수가 연장 탓한다'라는 말이 있다. 노련한 목수는 좋은 연장을 당연히 탐하지만 그렇다고 해서 나쁜 연장 때문에 결코 일을 망치지도 않는다. 고무밴드든 정교한 홈트 운동기구든 상관없다. 세상만사는 사람의 의지에 좌우되는 것 아니겠는가!

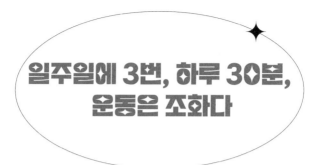

일주일에 3번, 하루 30분,
운동은 조화다

적지 않은 사람이 오해하고 있는 운동 상식 중의 하나는 '운동은 많이 할수록 좋다'는 것이다. 하지만 일반인은 일주일에 세 번, 하루에 30~40분 정도의 운동량이면 충분히 몸을 만들고 바람직한 건강 효과를 볼 수 있다. 유산소운동을 포함해도 한 시간을 넘을 필요가 없다. 그런데 운동을 하려면 일주일에 5~6번은 해야 하고 한 번에 적어도 한 시간 이상은 해야 제대로 효과를 볼 수 있다는 잘못된 고정관념에 빠진 사람들이 있다. 30분이 아니라 한 시간을 운동하면 두 배, 두 시간을 운동하면 네 배의 효과를 볼 수 있다고 착각하는 것이다. 이런 논리는 역설적으로 적지 않은 사람들에게 '운동할 시간을 낼 수가 없다'라는 좋은 핑곗거리가 되곤 한다.

우리 몸의 근육은 운동을 하면 할수록 정비례해 발달하는 조직이 결코 아니다. 근육은 작은 섬유들이 다발을 형성하고 있는 형태인데 근력운동을 하면 아주 미세한 파열상을 입게 되고 이렇게 찢어진 부분들이 회복되는 과정에서 근육이 전보다 조금씩 더 커지게 된다. 이런 식의 근육 성장은 적당히 휴식할 때 일어나는데, 제대로 쉬지 않고 계속 자극만을 주면 근육 손상이 회복되면서 성장할 겨를 없이 몸을 혹사시키는 결과를 초래하게 되는 것이다. 물론 휴식 기간이 너무 긴 경우에도 그동안 만들어놓은 근육이 원상회복되기 때문에 제대로 성장할 수가 없다.

그러면 적당한 휴식 기간은 과연 어느 정도가 좋을까? 개인의 체질도 다르고 운동 강도에도 상당한 편차가 있기 때문에 과학적으로 명확한 수치를 측정하는 것은 불가능하지만, 대체로 하루에서 이틀 간격으로 휴식 기간을 갖는 것이 권장되고 있다. 하루를 건너뛰면 일주일에 4일, 이틀을 건너뛰면 일주일에 3일 정도 운동하는 셈이다. '하루를 쉬느냐 이틀을 쉬느냐'의 기준도 비교적 간단하다. 50대 이상의 사람들은 '일주일에 3일이면 충분하고, 시간과 컨디션이 허락한다면 4일도 무방하다'라고 생각하면 된다.

놀라운 것은 주위를 보면 실제 이런 기준보다 훨씬 많은 시간을 들여 운동하는 사람들이 있다는 점이다. 여기에는 두 그룹

이 있는데, 한 그룹은 헬스클럽에 마치 출근 도장을 찍듯 매일같이 출근하는 사람들이다. 이들은 '매일 두 시간 정도 헬스클럽에서 운동하는데도 몸에 변화가 없다'라고 불만을 토로하기도 한다. 그런데 그들이 운동하는 모습을 지켜보면 헬스클럽에 머무는 동안 상당 시간 휴대폰을 보거나 휴게실에서 쉬면서 보낸다. 운동의 강도가 약한 것은 말할 것도 없다. 몇 시간인들 머물지 못할 이유가 없다. 또 다른 그룹은 조금 다른 경우로, 준 전문선수 수준의 운동을 지향하는 사람들이다. 대개 2030 젊은 층이 많은데, 이들은 매일같이 운동하면서도 앞서 말한 근육 성장에 필요한 휴식 시간을 가지기 위해 이른바 '2분할법' 또는 '3분할법' 같은 운동 방식을 취한다.

우리 몸의 뼈는 정확하게 206개지만 근육은 독립된 근육인지 다른 근육의 일부인지 정확하게 판단하기가 어려워 대략 640개 정도로 보고 있다. 이 중 우리가 운동으로 몸을 만들 때 주된 대상이 되는 것은 가슴의 대흉근, 어깨의 삼각근, 등의 활배근과 승모근, 팔의 이두박근과 삼두박근, 엉덩이의 대둔근, 허벅지의 대퇴사두근, 종아리의 비복근, 그리고 복근의 열 가지다. 상체와 하체로 나눠보면 7대 3의 비율인 셈이다. 앞서 말한 2분할법은 하루는 상체 운동을 하고 다음 날은 하체 운동을 하는 식으로 교대하면서 매일 운동을 하지만 실제 각 근육에 대해서는 하루의 휴식 기간을 주는 방법이다. 3분할법은 상체 운동의 중요성을 강조해 하루는 가슴과 팔 운동, 다음 날은 어깨와 등, 복근 운동 등 이틀을 할애하고 세 번째 날은 하체 운동을 하는 방식이다.

50대를 넘은 일반인은 전자의 그룹처럼 설렁설렁 운동해서도 안되겠지만 후자처럼 아등바등 운동하는 그룹도 웬만해서는 흉내 내선 안 된다. 일주일에 세 번, 하루에 30~40분이면 충분하다는 것을 다시 한번 명심하자.

우리에게 운동은 시합이 아니라 삶이다

바둑의 기성棋聖으로까지 불리는 우칭위안은 일찍이 "바둑은 조화다"라는 유명한 명언을 남겼다. 바둑 애호가였던 성찬경 시인은 "실리實利에 치우치면 세勢에 눌려 지게 되고 세에만 마음을 쓰면 실리 부족(집 부족)으로 지게 된다"고 말하기도 했다. 이기려는 마음이 너무 앞서면 실수하게 되고, 그렇다고 너무 조심만 하다가는 기백이 부족해 위축되어 결국 진다는 의미다. 의욕과 조심에도 조화가 필요한 것이다. 이것은 바둑에 국한된 이야기만은 아니며, 인생사 전반에 널리 적용된다.

운동도 다르지 않다. 만약 깡마른 체격의 사람이 운동이라고는 오로지 달리기만 한다고 치자. 이는 자신의 신체적 장점을 최대화하는 효과는 있을지 모르나 건강이라는 측면에서 균형에 맞지 않아 비효율적이다. 반대로 체격이 큰 비만형 체질의 사람이 오로지 근력운동에만 집중한다면 어떨까? 덩치는 더욱 커지겠지만, 이 또한 건강 효율성 면에서 바람직하지 못하다. 결국 두 경우 모두 건강 추구의 입장에서는 조화롭지 못한 것이다.

물론 자신의 신체적 특성을 최대한 활용해 그 방면으로 운동 능력을 극대화하는 것을 권장하는 경우도 있다. 바로 전문적인 운동선수들의 경우다. 무거운 중량을 들어야 하는 역도 선수가 굳이 달리기를 잘할 필요는 없으며 마라톤에서 신기록을 노리는 선수가 우람한 상체 근육을 가질 필요는 더더욱 없다. 그러나 대부분의 일반인에게는 어떤 특출한 운동 능력 향상이 중요하진 않다. 무엇보다 유산소운동과 근력운동, 그리고 유연성 기르기 등을 적절히 조화한 균형 잡힌 운동 방식이 필요하다. 일반인의 운동 목표는 전문 운동선수들처럼 올림픽에서 메달을 따거나 세계대회에서 우승하는 단기적이고 획기적인 성과가 아니라 평생을 함께하는 건강한 삶의 추구이기 때문이다.

4장

성공하고 실패하고
다시 도전하는 마음 공부

"인생은 짧지만 명예롭고 건강하게 살기에는 충분하다"
라고 설파한 고대 로마의 철학자 키케로의 말처럼 포도주
가 오래되었다고 해서 반드시 모두 맛없게 시어지는 것은
아니지 않겠는가.

늙어간다는 것의 진정한 의미

'젊어지는 샘물'이라는 이야기가 있다.

옛날 옛적 깊은 산골에 마음씨 착한 노부부가 살았다. 할아버지는 나무를 하러 갔다가 고운 새소리를 듣고 자신도 모르게 따라간 곳에서 옹달샘을 발견했다. 마침 목이 말랐던 할아버지가 그 샘물을 마시자 놀랍게도 젊은이로 변했다. 할아버지가 젊어진 모습을 보고 깜짝 놀란 할머니도 그 옹달샘으로 가 샘물을 마시니 역시나 젊은이로 변했다.

세상의 모든 전래동화가 그렇듯 오랜 시간을 거쳐 지금까지

전해 내려오는 이야기에는 많은 사람이 공감하는 요소가 있기 마련이다. 동서고금을 막론하고 평생 늙지 않고 젊게 살고 싶은 욕망은 그 누구도 부인할 수 없는 모든 사람의 바람일 것이다. 이런 소망은 시대가 변하고 세월이 가도 사그라들기는커녕 갈수록 강화되고 있는 느낌이다.

요즈음 우리나라의 상황을 보더라도 모든 사람이 마치 조금이라도 젊게 보이려는 경쟁에 참가한 것처럼 온갖 노력을 다하고 있는 것 같다. 연세가 어느 정도 드신 분들도 과거에는 생각도 못할 다양한 운동으로 체력을 유지하려고 애쓰는가 하면 최근에는 남녀를 가리지 않고 젊게 보이는 시술을 받는 것도 마다하지 않는다. 또 복장이나 생활 태도 면에서도 여느 젊은이 못지않은 노인 분들을 주위에서 흔히 볼 수 있게 되었다.

젊은 사람들이라고 해서 이런 사회적 흐름에 예외는 아니다. 이른바 '동안 신드롬'이란 현상이 유행처럼 사회를 휩쓸면서 젊은이들 사이에서도 한 살이라도 어리게 보이는 것이 선망의 대상이 되고 있다. 이제 본인의 진짜 나이보다 조금이라도 많아 보인다는 평가는 어느덧 가장 치명적인(?) 악담 중의 하나가 되고 만 것이다.

그러나 불과 수십 년 전만 해도 웬만한 시골 동네에서는 40대만 되어도 뒷짐을 진 채로 느릿느릿 걸어다니며 자랑스럽게 어른 행세를 하던 때가 있었다. 기름진 얼굴에 배까지 볼록 나와 있으면 금상첨화였다. 그때만 해도 어른스럽다는 것, 나이가 들었다는 것, 노숙하고 노련하다는 것은 사회로부터 인정받는 중요한 평가 기준이었다.

그러던 것이 오늘날 '환갑 청년'의 시대가 도래하면서 이제는 회갑연을 공개적으로 여는 것마저도 어색한 분위기가 되었다. 바야흐로 나이가 들었다는 것, 아니 들어 보인다는 것은 남에게 인정받아서도 본인이 인정해서도 안 되는 사회적 금기어가 된 셈이랄까?

젊다는 것이 좋다는 데 반론을 제기할 사람은 거의 없을 것이다. 하다못해 동식물의 세계에서도 세월의 부침에 시달린 쇠퇴기의 모습보다는 역동적이고 생동감 넘치는 전성기의 활짝 핀 모습을 당연히 아름답다고 받아들인다. 더구나 젊게 보인다는 평가 자체가 사회생활의 중요한 경쟁 무기가 되고 있는 현대사회에서는 젊다는 것의 가치가 과거에 비해 훨씬 높게 평가될 수밖에 없다. 여기에다 이런 점이 외형적인 모습을 떠나 건강 상태와도 직결된다면 그 의미는 더욱 배가 될 것이다.

그렇다면 과연 사람이 자연스럽게 나이 들어간다는 것이 그렇게 부정적인 의미이기만 할까? 앞으로의 사회는 지금보다 더 어떻게 해서든 한 살이라도 젊어 보인다는 것에 계속 긍정적인 가치를 부여하게 될까?

물론 이런 철학적인 질문에 그 누구든 한두 마디로 명쾌하게 답변을 정리하기는 어려울 것이다. 어쩌면 정답이라는 것이 없을지도 모른다. 그렇지만 세상의 모든 이치가 그렇듯 작용이 있으면 언젠가 반작용도 있을지 모른다. 마치 문명의 발달이 탄생시킨 패스트푸드의 세계에서 오히려 전통적인 슬로푸드 개념이 인기를 끌고, 필요에 따라 생긴 초스피드 경쟁사회에서 역설적으로 느리게 생활하는 문화가 새삼 각광받듯 말이다.

이런 관점에서 문득 술의 숙성 과정이 생각난다. 세상에는 참으로 많은 술이 존재한다. 웬만한 애주가들도 그 이름조차 들어보지 못한 술이 비일비재하다. 세상의 시름과 스트레스를 잊기 위해 가벼운 마음으로 술 한잔을 마시는 사람에게는 이런 많은 종류의 술을 다 알아야 하는 것이 오히려 더 큰 스트레스를 조장하는 일일지도 모른다.

그런데 이렇게 수많은 술 가운데 어떤 종류의 술이 보다 고급 술이냐를 따지는 기준은 의외로 간단하다. 물론 술을 만드는 재료나 방법 등도 중요한 판단 요소지만, 정답은 바로 술의 숙성 과정에 있다. 술이 숙성 과정을 거쳤느냐 거치지 않았느냐, 그리고 얼마간 어떤 방법으로 숙성 과정을 거쳤느냐에 따라 고급술의 여부가 결정되는 것이다.

숙성 과정을 거치는 술 중에서 가장 대표적이면서 널리 알려진 술로는 위스키와 코냑이 있다. 이들은 오크통에서 숙성 과정을 거치면서 다른 술들과는 차원이 다른 최고급 술로서의 품격

과 기품을 지니게 된다. 이러한 나무통 숙성 과정을 한마디로 표현하면, 술에 세월의 풍상을 입히는 것이다.

위스키와 코냑은 일단 발효와 증류라는 기본 과정을 거치는데, 이때 추출되는 투명한 색깔의 거칠고 강렬한 느낌의 젊은 술은 마치 인간사회에서 한 사람이 태어나 어엿한 청년으로 변하는 모습을 연상케 한다. 그 후 이 발랄하지만 여리고 어린 투명한 색깔의 술들이 나무통 속에서 짧게는 수년 길게는 수십 년간 생활하면서 거친 나무 표면으로부터 끊임없는 자극과 상처를 받아가며 진정한 맛의 깊이를 더하게 된다. 그리고 이때가 되어서야 비로소 위스키와 코냑이라는 이름으로 제대로 불릴 자격을 얻는다.

이런 과정은 우리네 인생과 전혀 다를 바가 없다. 거친 나무통은 우리가 매일매일 생활하고 있는 사회와 마찬가지고, 오래 숙성된 술은 거친 사회에 부대끼면서 인생의 본뜻을 이윽고 체득한 중장년을 절로 떠올리게 한다.

그런데 이런 술들이 오크통에서 매력적인 향과 풍미를 흡수하면서 오묘한 호박색을 띠는 동안 정작 그 자신은 거친 세월의 풍상을 거치며 몸이 점점 오그라드는 것을 경험하게 된다. 과학적으로 이런 현상은 자연적인 액체의 증발 현상으로 부르지만, 제조업자들은 이를 '천사에게 바치는 몫 angel's share'이라고 낭만적으로 표현하기도 한다. 따지고 보면 이 또한 우리네 인생과 흡사하다. 시간이 가면서 술이 증발하듯 나이가 들면서 우리 몸도 자연스럽게 약해지고 늙어가기 마련이다. 그렇지만 결과적으로 가장 높은 가치로 평가되는 술들은 결국 이처럼 노쇠한 술 아닌가? 비록 오랜 세월의 풍상 속에 육신은 약해지고 쪼그라들었지만 그 속에 스며 있는 세월의 깊이야말로 격조 있는 고급술의 가치이자 우리 인생의 진정한 멋일 것이다.

앞서 예를 든 '젊어지는 샘물'의 후반부는 이렇게 끝난다.

인근의 욕심쟁이 할아버지가 젊어지는 샘물에 대한 이야기를 듣고 샘물을 찾아나섰다. 그런데 젊어지려는 욕심이 지나쳐 샘물을 있는 대로 마시다가 그만 갓난아기로 변하고 말았다. 이를 알게 된 착한 부부는 그 아기를 집으로 데려와 욕심 없는 착한 아이로 길렀다.

자 어떤가! 젊음을 추구하는 마음은 그 어떤 경우에도 나무랄 수 없는 자연스러운 인간의 본능이다. 그러나 이 때문에 욕심쟁이 할아버지처럼 지나친 집착과 욕망에 사로잡힌다면 자칫 자기도 모르는 사이에 숭고한 세월의 흐름을 망각한 철없는 생각과 행동으로 이어질 수도 있는 것이다. 이런 의미에서 진정한 젊음 그 자체를 위해서라도 '숙성의 미학'이 주는 참의미를 다시 한번 되새겨보아야 한다.

운칠기삼이 주는
건강 교훈

명나라 말기와 청나라 초기에 활약한 중국 문학가 포송령이 쓴 《요재지이聊齋志異》는 중국판 전설의 고향이라고도 불리는 중국 괴기문학의 걸작이다.

이 책에는 자신보다 못하다고 생각한 사람은 보란 듯이 과거 급제를 하는데 정작 자신은 늙도록 급제하지 못해 인생의 패배자가 된 한 선비의 이야기가 나온다. 그는 답답한 나머지 옥황상제에게 그 이유를 따져 물었고, 그러자 옥황상제는 갑자기 정의의 신과 운명의 신을 불러 술 시합을 하라고 명령한다. 그러면서 선비에게 만일 정의의 신이 술을 더 많이 마시면 선비의 분노가 옳은 것이지만, 운명의 신이 더 많이 마신다면 세상사가 다 그렇다 생각하고 체념해야 한다는 다짐을 받았다.

이윽고 술 시합이 시작되었고, 그 결과 정의의 신이 술을 석 잔 비우는 동안 운명의 신은 술을 일곱 잔이나 비워 이기게 되었다. 이에 옥황상제가 선비에게 "보았느냐, 세상의 모든 일이 반드시 정의로 움직이는 것이 아니다. 지금 네가 지켜보았듯이 운명의 힘이 더 강할 때가 많다. 그 점을 잘 생각해 현실을 받아들여야 한다. 그러나 정의의 신이 술 석 잔은 마셨다는 사실을 명심하고 깨닫길 바란다"라고 말하고 그를 돌려보냈다.

이 이야기가 바로 오늘날 회자되는 '운칠기삼運七技三'의 어원이다. 호사가들은 여기에서 더 나아가 과연 이 고사가 가르치는 운칠기삼이 옳으냐, 아니면 노력이나 능력을 더 강조하는 '기칠운삼技七運三'이 인생의 정답이냐 하는, 즉 해답이 있을 수 없는 논쟁을 계속 벌인다. 어쨌든 이 운칠기삼의 개념이야말로 장수와 건강, 그리고 이를 위한 운동의 영향과 효과를 제대로 이해하는 데 핵심이라는 것을 알아야 한다.

건강과 장수에 대한 관심이 나날이 높아지는 요즘, 국내외 장수자에 대한 기사가 종종 매스컴을 장식한다. 그중 가장 흔한 내용이 이른바 장수 비결이다. 기사에서는 장수자의 거주 환경부터 개인 활동 방식, 식습관에 이르기까지 다양한 원인을 분석 및 소개하곤 한다. 이 기사들은 대부분 장수자는 남들과 다른 특별한 건강 관리법을 지녔으리라는 전제 조건하에서 그들의 모든 생활 방식을 장수와 연결해 기술한다. 이를테면 어떤 장수자가 술, 담배를 전혀 하지 않으면 그것을 가장 중요한 비결로 소개하고, 술을 마시는 사람이라면 적당한 음주가 장수 비결이라고 해석하는 식이다. 또한 소식하는 고령자라면 소식이 장수 비결이고, 왕성한 식욕을 보이는 장수자라면 음식을 가리지 않는 식습관이 중요한 요인이라고 해석한다.

그렇다면 정말 장수에는 특별한 비결이 있을까? 만일 모든 사람이 그 비결을 충실히 따른다면 그 혜택을 누릴 수 있을까? 술, 담배를 하고 불규칙한 생활습관을 가진 사람은 그렇지 않은 사람에 비해 반드시 단명할까? 거의 매일 열심히 운동하는 사람은 운동과는 담을 쌓은 사람에 비해 장수할까? 이러한 질문들에 대한 답이 그렇지 않다는 사실은 구태여 설명하지 않아도 쉽게 알 수 있다. 그렇다면 이런 현상을 어떻게 해석해야 할까.

따지고 보면 세상사뿐 아니라 장수와 건강에서도 기본 흐름을 지배하는 것은 운명의 신이다. 이 운명의 신이 현대적이고 과학적인 외투를 입고 등장한 것이 바로 '유전'이다. 이른바 장수 가계의 존재, 줄담배에 말술을 즐기면서도 장수하는 사람의 존재, 운동으로 땀 한 번 흘린 적 없어도 정신적 여유만으로 건강하게 장수하는 사람의 존재가 바로 유전의 힘이며 그 실체다. 이렇게 이야기하면 성급한 사람은 "맞아! 그런 것 같아. 모든 것은 이미 정해져 있어. 새삼스럽게 건강을 위한 노력이 무슨 소용이야"

라며 실망감에 빠질지도 모른다.

하지만 그럴 필요가 전혀 없으며 또 그래서도 안 된다. 물론 운명이든 유전이든 노력만으로는 해결할 수 없는 어떤 실체가 엄연히 존재한다. 그러나 운칠기삼 고사에 나오는 옥황상제의 가르침처럼, 우리는 30퍼센트라는 정의 또는 노력의 영역을 선사받았다는 사실을 잊어서는 안 된다. 일부 호사가들의 주장대로 만일 운삼기칠이 맞다면 운은 무려 70퍼센트나 되는 영역이다. 그리고 이 점은 비단 그 자체의 산술적 의미를 떠나 한 사람의 삶을 완전히 바꿀 수 있을 만큼 영향력을 미친다.

예를 들어, A와 B라는 사람이 있다고 해보자. A는 운명(유전) 측면에서 70점 만점에 65점이라는 높은 점수를 타고났고, B는 55점밖에 타고나지 못했다. 그러나 A는 타고난 혜택에도 노력 영역에서 30점 만점에 10점밖에 얻지 못한 반면, B는 25점을 획득했다. 결과적으로 A는 75점이라는 건강 장수 성적을 보였지만 B는 80점을 받아 더 좋은 결과를 얻었다.

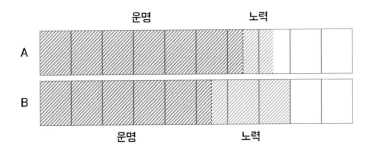

게다가 유전이 차지하는 70점 가운데 일정 부분은 노력 점수와 연계되기 때문에 설령 높은 선천적 점수를 타고났다 해도 적절한 관리가 수반되지 않으면 오히려 감점된다는 사실이 중요하다. 이는 흔히 말하는 '방아쇠 이론'으로, 타고난 70점 가운데 후천적 노력 여하와 상관없이 유지되는 기본 점수가 있고, 적절한 관리가 이뤄지지 않을 경우 그 점수가 깎이는 조건부 점수가 있는 것이다. 앞서 예를 든 A는 노력 점수가 더 낮아지면 75점에서 10점이 더 감점돼 65점이 될 수도 있다는 뜻이다.

이처럼 한 사람의 건강과 장수 여부를 결정짓는 데는 타고난 유전의 힘이 엄연히 존재하지만, 그에 못지않게 후천적 노력도 중요하며 많은 경우 그러한 노력이 타고난 운명보다 더 많은 영향을 미칠 수 있다. 그렇다면 건강과 장수를 위한 후천적 노력에는 어떤 것이 있을까? 쉽게 떠올릴 수 있는 것에는 규칙적인 생활, 금연과 절제된 음주, 깨끗한 생활환경, 충분한 휴식 같은 다소 정적인 대처에서부터 적절한 영양 섭취를 동반한 규칙적인 운동 같은 적극적인 대처가 있다. 물론 이러한 대처 방법의 효과는 개인마다 다르게 나타나지만, 그중에서도 운동은 많은 사람에게서 가장 보편적으로 효과가 검증된 후천적 건강관리 비법이다.

물론 운동은 육체적, 정신적 고통을 어느 정도 수반하기 때문에 계속해서 실행에 옮기기가 가장 어려운 방법이다. 그러나 '고

통 없이는 얻는 것도 없다'는 격언이 있고, 또 의지가 적절히 수
반된다면 그 고통마저 즐겁게 소화할 수 있으니, 어찌 그 황홀하
고도 가치 있는 체험을 미룰 수 있겠는가.

낙숫물 이론의 실패와
핑계의 미학

'낙숫물이 바위를 뚫는다'라는 유명한 격언은 세계 거의 모든 나라에서 비슷하게 나타난다. 심지어 일본어와 중국어는 우리말의 표현과 대동소이하다. 서양에서도 영어나 프랑스어에서 거의 같은 의미의 표현을 사용하고 있다.

한국어: 낙숫물이 바위를 뚫는다.

일본어: 雨垂(あまだれ)石(いし)をうがつ.

중국어: 滴水穿石. 또는 水滴石穿.

영어: Constant dropping wears the stone.

프랑스어: L'eau qui tombe goutte à goutte cave la pierre.

이는 이 격언들이 모두 공통의 어원을 가지고 있기 때문이다. 문헌상으로는 13세기 중반부터 공식적으로 기술되어 있지만, 이미 기원전 5세기 말 그리스 사모스섬의 시인 초에릴루스와 옛 로마의 시인 티불루스가 비슷한 표현을 사용했던 것으로 알려져 있다.

여기서 이 격언을 꺼내는 이유는 이 표현이 어학 공부에서 자주 인용되기 때문이다. 즉 매일 단어 또는 일상 대화의 한 토막씩을 조금씩 공부하거나 소셜미디어에 그 흔적을 남기면서 '낙숫물이 바위를 뚫듯이' 오늘의 보잘것없는 티끌들이 모여 언젠가는 큰 산을 이룰 것이라는 희망찬 기대를 피력하는 경우를 흔히 보게 된다. 그런데 흠잡을 데 없어 보이는 그럴듯한 논리에도 불구하고 정작 이런 방법으로 바라는 성과를 이루는 사람은 흔치 않아 보인다. 도대체 그 이유가 무엇일까?

근원적 문제를 한번 짚어보자. 미미한 낙숫물이 바위를 뚫을 수 있다는 것은 엄연한 사실이지만 중요한 것은 그 낙숫물이 저절로 만들어지는 것이 아니라는 사실이다. 낙숫물이 존재하기 위해서는 반드시 그 근원에 계속 솟아나는 샘물이나 잦은 빗물이 있어야만 가능하다. 어학 공부에서 '낙숫물 이론'이 실패하는 이유는 바로 그 수원의 문제는 간과한 채 드러난 결과에만 초점을 맞추기 때문에 생기는 사고의 오류다. 만일 지속적인 수원이 없다면 불과 며칠, 몇 개월의 낙숫물만으로 언감생심 바위를 뚫고 뚫지 않고를 논할 여지조차 있겠는가!

그렇다면 현실에서 낙숫물의 수원은 과연 무엇일까? 답은 간단하다. 본인의 의지며 노력이고 끈질김이다. 물론 실제 낙숫물의 수원인 빗물이나 샘물의 유량에도 변화가 있듯 일시적인 슬럼프나 약간의 기복은 누구나 경험할 수 있다. 그러나 떨어지다 말다를 반복하면서 심지어 마르기까지 하는 수원으로는 그 어떤 결과도 이룰 수가 없다. 결국 중요한 것은 정신적 수원의 끈질김이지, 낙숫물 이론의 단순한 물리적 결과가 아니라는 점을 깨달아야 한다는 것이다.

핑계 대며 정신 승리하기

'핑계 없는 무덤은 없다'라는 표현만큼 일상에 널리 그리고 깊숙이 스며든 속담도 많지는 않을 것이다. 아마도 핑계로 출렁이다 못해 아예 범람하고 있는 작금의 현실에 대한 사람들의 자연스러운 공감에서일 것이다.

냉정하게 따져보면 세상에는 어떤 일에 성공하는 사람보다 실패하는 사람이 훨씬 다수이므로 그만큼 아쉬워하거나 분노하는 사람이 많을 수밖에 없고, 이런 상황에서 자신의 잘못이나 부족한 노력을 애써 인정하지 않으려는 심리가 겹치면서 핑계라는 잡초가 무성하게 자라는 것이다. 자기 실수나 잘못 또는 나태를 그대로 받아들이는 것은 자존감의 고통스러운 상처지만, 핑계라는 수단을 동원하면 손쉽게 달콤한 정신 승리를 맛볼 수 있기 때문이다.

그동안 내가 어학 공부나 운동 등의 자기계발 방면에서 어느 정도 성과를 거두고 매스컴을 통해 대중에게도 얼굴을 비추자 일부 사람들은 흥미로운 반응을 보였다.

"저 사람은 재력이 있겠지. 난 돈이 없어."

"저 사람은 여유 시간이 많을 거야. 난 시간이 없어."

"저 사람은 원래 머리가 좋으니까. 난 머리가 나빠."

과연 그런가? 만일 그렇다면 돈이 남아나는 재벌 집안은 모두 몸짱으로 득실거린단 말인가? 여유 시간이라면 타의 추종을 불허하는 백수들은 모두 다중언어 구사자라도 된단 말인가? 객관적으로 머리가 좋다는 각종 전문가 집단의 구성원들은 한결같이 취미 활동에서도 괄목할 만한 성과를 거두고 있단 말인가?

핑계는 집요하고 끈질길 수밖에 없다. 그야말로 '다이하드'의 속성을 지니고 있다. 핑계를 만드는 사람의 입장에서는 마치 자신의 모든 인생 가치가 그것에 좌우되는 것처럼, 정당하고 객관적인 논리가 없음에도 나름대로 혼신의 힘을 다한다. 물론 핑계를 대면서 잠시나마 정신적 위안을 받고 이를 도움 삼아 실패의 좌절에서 벗어난다면 그 자체로 긍정적인 효과가 없지는 않을 것이다. 그러나 시종일관 핑계에 연연해 진정한 반성과 자기성찰을 피하고 또 다른 도전과 노력의 기회를 스스로 잃어버린다면 인생에서 그만큼 안타까운 일도 없을 것이다.

여기에서 진지하게 묻고 싶다. 자신의 잠재 능력을 왜 핑계의 잣대로 미리 재단하려 하는가!

어학 공부와 근력운동의 공통점과 차이점

나는 오랫동안 운동과 어학 공부를 취미로 해오고 있다. 이는 그동안 삶의 윤활유로써 일상생활에서 많은 즐거움과 보람을 선사해주기도 했지만, 둘 다 끝이 없다는 공통점 때문에 끊임없이 힘든 도전 과제들을 안겨주기도 했다. 그런데 어느 날 문득 어학 공부와 근력운동, 둘 사이의 흥미로운 상관관계가 떠올랐다. 먼저 앞에서도 소개한 바 있는 근력운동의 7대 원칙에 대해 알아보자.

1. 근육을 발달시키려면 일정 강도 이상의 자극이 필요하다.(과부하의 원칙)

2. 근육에 대한 자극은 단계적으로 늘려야 한다.(점증의 원칙)

3. 근육은 자극받은 부분만 발달한다.(특정성의 원칙)

4. 근육에 대한 자극에는 변화가 필요하다.(변화의 원칙)

5. 효과 있는 운동은 개인별로 모두 다르다.(개별성의 원칙)

6. 근력운동을 중단하면 성과는 사라진다.(가역성의 원칙)

7. 시간이 갈수록 운동의 성과는 줄어든다.(성과 점감의 원칙)

흥미로운 것은 이 일곱 가지 원칙에서 '근력운동'이라는 단어를 '어학 공부'로 대체해도 그 의미가 정확히 통한다는 것이다.

1. 어학 공부를 제대로 하려면 일정 강도 이상의 자극이 필요하다.(과부하의 원칙)

2. 어학 공부에 대한 자극은 단계적으로 늘려야 한다.(점증의 원칙)

3. 어학 공부는 독해, 작문, 청취 등 자극받은 부분만 발달한다.(특정성의 원칙)

4. 어학 공부에 대한 자극에는 변화가 필요하다.(변화의 원칙)

5. 효과 있는 어학 공부법은 개인별로 모두 다르다.(개별성의 원칙)

6. 어학 공부를 중단하면 성과는 사라진다.(가역성의 원칙)

7. 시간이 갈수록 어학 공부의 성과는 줄어든다.(성과 점감의 원칙)

언뜻 보아도 어학 공부와 근력운동의 이런 절묘한 상관성에 대해 특별한 추가 설명이 필요 없을 정도지만 마지막 일곱 번째

원칙만큼은 약간의 부연 설명이 필요하다. '성과 점감의 원칙'이
란 근력운동 또는 어학 공부를 할 때 처음과는 달리 열심히 해도
점점 성과가 예전 같지 않다는 것을 느끼게 된다는 뜻이다. 사실
이런 현상은 거의 모든 종류의 배움이나 수련의 과정에서도 마
찬가지다. 따라서 이 원칙을 잘 이해하면 어학 공부 또는 근력운
동 과정에서 정체기를 맞닥뜨렸을 때 쉽게 벗어날 수 있는 중요
한 심리적 바탕이 된다.

그런데 어학 공부와 근력운동 사이에는 이런 공통점만 있는
것이 아니다. 공통점 못지않게 흥미로운 차이점도 있다.

1. 공부 중독은 없다

앞서 살펴본 것처럼 운동 중독은 '과도한 운동'과는 다른 의미
로, 마약 중독처럼 의존성과 내성, 금단 증상 등 세 가지 특징이
있는 병적 상태다. 실제 주위에서 드물지 않게 볼 수 있다. 그러
나 공부 중독이란 개념은 비록 이론상으로는 가능할지 모르겠지
만 현실적 실체로 생각하기는 쉽지 않다.

2. 공부 부상도 없다

운동에는 전문가나 아마추어 동호인을 가리지 않고 필연적으
로 운동 부상의 위험성이 상존한다. 만일 운동 중에 의도하지 않

은 부상이 발생한다면 프로에게는 생계가 걸린 문제까지 나타날 수 있고 아마추어들에게는 좋아하는 운동을 한동안 쉬어야 하는 절망감이 이만저만이 아닐 것이다. 그런데 공부에는 원칙적으로 부상이란 용어가 존재할 수 없다. 우리의 두뇌는 생리 구조상 공부로 인해 가시적인 부상을 입기 전에 각종 피로 증상이 먼저 발생해 자연스럽게 더 이상의 진행을 막기 때문이다.

3. 공부에는 장비도 필요 없다

운동 역시 의지만 있으면 맨몸으로도 가능하지만, 장비의 도움을 받으면 훨씬 효율적으로 운동할 수 있으며 대부분의 사람들이 다양한 종류의 장비에 의존해 운동하고 있다. 그러나 어학 공부에는 사실상 장비가 필요 없다. 특별한 실험실이나 연구실도 필요 없고 언제 어디서건 마음만 먹으면 공부할 수 있다. 특히 요즈음에는 휴대폰 하나만으로 사전을 비롯한 각종 시청각 자료를 모두 접할 수 있다. 휴대폰을 군이 특별한 장비라고 부를 사람은 없으리라 믿는다.

자 어떤가. 어학 공부나 근력운동이나 둘 다 모두 평생을 가는 끈질김이 요구되는 분야들이지만 이런 공통점과 차이점들을 잘 음미해보면 더 효율적인 접근이 가능해질 것이다.

준비 없는 도전은
용기도 낭만도 아니다

학술 연구에는 전향적 연구prospective study와 후향적 연구retrospective study라는 용어가 있다. 연구 시작 시점을 기준으로 앞으로 발생이 예상되는 상황을 미리 객관적으로 설정해 연구하는 방법이 전자라면, 그 이전에 이미 발생한 기록을 대상으로 진행되는 연구는 후자라고 할 수 있다. 사정에 따라 후향적 분석만이 가능한 경우가 비일비재하기 때문에 한마디로 단언하기에는 약간의 무리가 있겠지만, 일반적으로 사전에 치밀한 연구 계획을 설정해야 하는 전향적 연구가 더 높은 평가를 받는 편이다.

비슷한 맥락으로 우리 일상생활에서도 전혀 예상할 수 없었던 상황이라면 후향적 분석 또는 후향적 접근이 불가피하겠지만, 충분히 예상되는 상황에서는 당연히 전향적 분석 또는 전향적 접근이 바람직하다. 가령 진학이나 취업이 목표인 사람이라면 당연히 사전에 철저하게 관련 공부는 물론 지원 대상이 되는 학교나 직장의 상세 정보를 파악하려 할 것이다. 물론 일단 도전하고 나서 그 결과에 따라 후향적 분석으로 교훈을 얻는 경우도 있겠지만 결코 권장할 만한 자세는 아니다.

어학연수도 마찬가지로 전향적 접근이 중요하다. 나름대로의 치밀한 사전 준비를 해야 한다는 뜻이다. 오래전 미국 유학원을 장기간 운영하던 베테랑 관리자의 관련 글을 읽은 적이 있다. 내용 대부분이 희미해졌지만 "어학연수 또는 유학을 떠난다고 해서 며칠이고 계속해서 친구들을 만나가며 환송회며 고별식으로 시간을 보내는 사람들은 무조건 실패한다고 보면 된다"라는 구절만은 유난히 기억에 남는다. 허술한 준비 정신의 문제점을 오랜 상담 경험을 바탕으로 날카롭게 지적한 것이다.

나 역시 적지 않은 나이에 여러 국가에서 어학연수를 진행하다 보니 자연스럽게 검색으로 관련 정보와 경험담을 수집하게 되었다. 그런데 적지 않은 사람들이 빤하게 보이는 준비조차 게을리하면서 '일단 닥치면 어떻게든 풀리겠지'라는 막연한 자세로 임하는 것을 자주 보았다. 안타까운 일이다. '아는 만큼 보이고 준비한 만큼 얻는다'는 말은 영원한 진리다. 1을 준비하면 두 배인 2를 얻고, 5를 준비하면 두 배인 10을 얻는 것이다. 10을 준비하면 당연히 20을 얻게 된다.

　유명한 군사 격언에 '전쟁에 패한 군인은 용서받을 수 있지만 경계를 소홀히 한 군인은 결코 용서받지 못한다'라는 말이 있다. 어학연수나 시험에서의 경계는 바로 사전 준비를 의미한다. 비록 그 승부의 결과는 예상과 다르게 나올 수 있지만 사전 준비를 게을리하는 잘못만은 결코 저질러서는 안 될 것이다. 실패는 창피한 것이 아니다. 그러나 준비된 실패만큼은 어떤 변명의 여지도 없이 창피한 것이다!

준비하는 자에게 늦은 나이란 없다

현대 의학의 눈부신 발전에도 아직 세월에 따른 기억력의 감소를 막을 뾰족한 방법은 없다. 그러나 그렇다고 해서 마냥 세월 탓만 하며 주저앉는 것도 능사는 아닐 것이다.

　여기서 한번 유명한 격언인 '늦었다고 생각할 때가 가장 빠를 때다'라는 말을 되새겨보자. 물론 이 말을 비틀어 '늦었다고 생각할 때는 이미 늦었다'라고 재미있게 표현한 한 개그맨의 익살이 기억나지만, 그럼에도 이 격언의 가치가 줄어드는 것은 아니다.

　또 한편으로는 '소 잃고 외양간 고친다'라고 말하면서 매사에 미리 준비해 뒤늦게 후회하지 않는 태도의 중요성을 강조하면서 이를 다르게 표현한 망양보뢰亡羊補牢라는 말도 있다는 것을 알아야 한다. 이것을 풀면 '양을 잃고 우리를 고친다'라는 말로 요즈음에 와서는 '소 잃고 외양간 고친다'와 비슷한 뜻으로 알려져 있지만, 원래 의미는 '양을 잃고 나서 우리를 고쳐도 결코 늦지 않다'는 뜻이다.

이 말은 중국의 고전인 《전국책戰國策》에서 유래했다. 책에 따르면 옛날 전국시대에 초나라 대부 장신은 방탕한 양왕에게 정사에 노력할 것을 충언했는데 왕이 매우 화를 내자 조나라로 몸을 피했다. 그 후 진나라가 초나라를 침공하자 양왕은 어쩔 수 없이 망명하는 처지에 놓였다. 그는 그제야 과거 장신의 충고가 옳았다는 것을 깊이 뉘우치고 그를 불러 "이제 어떻게 해야 좋은가"라고 물었다. 그러자 장신이 대답했다. "토끼를 보고 나서 사냥개를 불러도 늦지 않고, 양을 잃은 뒤 우리를 고쳐도 늦지 않습니다. 초나라는 아직도 수천 리 땅이 있습니다."

그런데 이렇게 '늦었다'는 똑같은 현상을 놓고 망양보뢰에서처럼 '늦다고 생각할 때가 가장 빠를 때다'와 '소 잃고 외양간 고친다'라는 정반대의 시각이 존재하는 이유는 무엇일까?

동일 사안을 놓고 벌어지는 이런 해석의 양면성은 유명한 논쟁인 '반이 빈 잔과 반이 찬 잔'에서 더욱 극명하게 나타난다. 잔에 물이 반쯤 있는 것은 동일한데 어떤 이는 이를 '반이나 차 있다'고 생각하고 또 다른 이는 '반이나 비어 있다'라고 생각할 수 있는 것이다. 이런 인식의 차이는 흔히 어떤 일에 임할 때 긍정적이면서 낙관적인 태도를 가진 경우와 부정적이면서 비관적인 태도를 가진 경우를 구별 짓는 훌륭한 지표로 인식되기도 한다.

이 두 가지 견해 중 어느 쪽이 더 바람직한가에 대해서는 더 이상 설명이 필요하지 않을 것이다. 굳이 '아직도 열두 척의 배가 남아 있다'라는 이순신 장군의 비장한 각오를 거론하지 않더라도 어학 공부를 포함해 우리들의 일상생활에서 '잔에 물이 아직 반이나 차 있다' 또는 '늦었다고 생각될 때가 가장 빠를 때다'라는 낙천적인 사고방식이 실제 생활에 미치는 긍정적인 결과는 엄청날 것이다.

그러나 그렇다고 해서 결코 '잔이 반이나 비어 있다'라는 인식이 우리에게 주는 교훈 또한 잊어서는 안 된다. 아무리 본인이 낙천적으로 마음을 다잡더라도 늦었다는 객관적인 사실이 변하지는 않는다. 잔에 물이 반이 있다는 것은 어떤 생각의 전환을 하더라도 잔에 물이 절반이나 모자란 것이 객관적 사실이듯이, 늦은 나이는 본인의 마음가짐과는 전혀 관계없이 엄연히 주위 젊은이들에 비해 늦은 나이인 것이다.

이런 사실을 겸허히 인정하면 자연스럽게 중요한 교훈이 뒤따르게 된다. 즉 '더 늦기 전에 지금부터라도 남은 시간을 헛되이 보내서는 안 되겠다'라는 마음가짐이다. 이 글을 읽는 독자 중 만일 '이미 늦었다'라고 생각하는 분이 있다면 '아직 잔이 반이나 차 있다'라는 야심 찬 도전 정신과 함께 '벌써 잔이 반이나 비었다'라는 위기의식도 동시에 느끼면서 더 늙기 전에 젊은 노익장으로서 새로운 도전을 해보라고 적극 권유하고 싶다.

"인생은 짧지만 명예롭고 건강하게 살기에는 충분하다"라고 설파한 고대 로마의 철학자 키케로의 말처럼 포도주가 오래되었다고 해서 반드시 모두 맛없게 시어지는 것은 아니지 않겠는가.

늦깎이 공부에서
결국 무엇을 얻을 것인가

인생은 공부의 연속이다. 학창 시절은 말할 것도 없고 사회에 진출한 뒤에도 공부에서 자유로운 사람은 그리 많지 않다. 다양한 종류의 자기계발과 취미생활이 모두 어느 정도의 공부 과정을 수반하기 때문이다. 공부의 중요성은 나이가 들어서 더욱 중요해진다. 물론 의무로써 하는 공부는 그 비중이 현저히 줄어들었지만 자신을 위한 공부의 가치는 점점 빛을 발할 시점이기 때문이다. 100세가 넘은 노철학자로 유명한 김형석 교수는 그의 저서 《백 년을 살아보니》에서 100년을 살아보니 인생의 황금기는 60~75세 사이였다고 회상했다. 노년 연구의 선구자 격인 서구나 일본의 학자들도 공통적으로 인정하는 시기다. 물론 청춘과 같이 화려하게 빛나는 시기는 아니겠지만 그 이전부터 오랫동안 축적된 경험과 지식이 깊이를 더해 원숙하게 꽃을 피운 시기가 그때라는 의미일 것이다. 그렇게 보면 50대는 바로 그 황금기를 준비하는 정점에 있는 시기다.

그런 의미에서 지금까지 50대의 지적 도전으로써의 어학 공부, 건강 도전으로써의 몸 공부, 정신 도전으로써의 마음 공부에 대해 단편적이나마 다양한 각도에서 살펴보았다. 그러면 과연 나이가 들어 이런 공부에서 궁극적으로 얻을 수 있는 목표는 무엇일까? 마지막으로 다음과 같이 다섯 가지 측면으로 나누어 정리해보자.

1. 시시한 인생이 되지 않게 해준다

단언컨대 담백하게 살고 싶은 사람은 있을지언정 시시하게 살고 싶은 사람은 없다. 늙는 것도 마찬가지다. 누가 시시하게 늙고 싶겠는가. 그러나 현실은 바라는 대로 잘 이루어지지 않는다는 것을 우리 모두는 잘 알고 있다. 이때 공부가 바로 훌륭한 해결책이 될 수 있다. 50대의 지적·신체적 도전과 함께 정신적 다짐과 성찰이야말로 이후의 인생을 시시하지 않게 만들어주는 든든한 연금이 될 것이다.

2. 이전에 둔 돌의 체면을 살리게 해준다

바둑은 이제 시대의 변화에 따라 애호가들이 상당히 줄었지만, 수천 년 동아시아 역사를 관통하며 수많은 사람과 시간을 함께한 절묘한 짜임새의 고급 오락이다. 특히 최근 인간과 AI 간의 대결로 바둑을 잘 모르는 사람들 역시 '서로 번갈아 반상에 돌을 놓으며 상대보다 더 많은 영역을 확보하는 게임'이라는 바둑의 기본 원칙에 관해서는 인지하게 되었다.

이런 바둑의 세계에는 우리와 함께해온 오랜 역사만큼이나 파생된 표현이나 격언이 정말 풍부하다. '아생연후에 살타(내가 살고 난 후에 남을 죽인다)', '선작오십가자는 필패(먼저 오십 집을 짓는 사람이 진다)', '적의 급소가 나의 급소'와 같이 주옥같은 격언은 말할 것도 없고, '포석을 놓다', '끝내기 단계에 돌입했다' 같은 일상적인 용어에도 바둑의 영향이 그 흔적을 남기고 있다.

그런데 일반적으로 잘 알려지지 않은 바둑 용어 가운데 반드시 새겨둘 만한 표현 한 가지가 더 있다. 바로 '먼저 둔 돌의 체면을 살려야 한다'라는 표현이다. 바둑 해설을 듣다 보면 해설자들이 "저 수는 먼저 둔 돌의 체면이 서지 않는 수입니다"라든지 "먼저 둔 돌의 체면을 위해서라도 다음 착수는 이 방면으로 가야 합니다"와 같은 말을 하는 것을 종종 듣게 된다. 쉽게 말해서 '앞서 기울인 노력과 투자, 시간, 생각을 헛되이 해서는 안 된다'는 뜻이다.

50대에 시작하는 새로운 도전과 공부는 각자 그동안의 인생에서 기울였던 노력의 돌들이 쌓은 가치가 창피해지지 않도록 더 큰 체면을 세워주는 일이다.

3. 새로운 하루를 기대하며 눈뜨게 해준다

시시한 인생을 살기 싫은 것처럼 따분한 인생 역시 생각만 해도 끔찍하다. 그러나 그런 인생에서 벗어나 보려고 웬만큼 노력해도 50세부터는 그런 느낌을 가질 확률이 점점 높아진다. 젊은 시절에 느꼈던 벅찬 희망이나 새로운 기대감을 다시 살리기가 좀처럼 쉽지 않다는 의미다. 바로 이때 새로운 도전과 공부는 뛰어난 치료약이 되어줄 수 있다. 아침에 눈을 뜰 때 어제와 같은 단조로운 하루가 아닌 무언가 새로운 또 다른 하루를 기대할 수 있다는 것이야말로 50대의 도전과 공부의 참된 의미가 될 것이다.

4. 가슴 뜨거운 시도를 할 수 있게 해준다

이 글을 쓰고 있는 현재 나는 페루(스페인어), 프랑스, 일본, 대만의 순서로 1년에 한 국가씩, 4년간에 걸친 4개국 어학연수의 대장정을 진행하고 있다. 매 순간 가슴이 벅차고 마음이 뿌듯해지는 은퇴 후의 생활이다. 그런데 나 역시 학생 시절에도 하지 못했던 어학연수를, 그것도 네 개 언어에 걸쳐서 하게 될 줄은 감히 꿈에도 상상하지 못했다. 그런 것이 현실화된 것도 50대부터 우연히 시작했던 외국어 공부가 바탕이 된 것이다.

한편으로는 50대부터 다시 만들기 시작한 몸을 꾸준히 다져

70대에 들어서 한 번 더 바디프로필을 찍어볼 계획도 가지고 있다. 가능 여부에 상관없이 이런 목표와 생각만으로도 젊은이 못지않게 피가 끓는 도전 의식이 타오른다. 돌이켜보면 이 모든 시도는 결국 50대에 다져놓은 공부가 바탕이 된 것 아니겠는가!

5. 나 자신의 영웅이 되게 해준다

'영웅이 된다'는 말처럼 누군가의 생에서 순수하게 피를 끓게 만드는 문장도 흔치 않을 것이다. 영웅은 제왕과 같은 권력과는 관계가 없으며 재벌 같은 금전적 풍요와는 더더욱 거리가 멀다. 물론 알렉산더나 나폴레옹처럼 시대를 관통하는 역사적 영웅은 엄연히 존재하지만, 거리의 장삼이사도 얼마든지 누구나 인정하는 영웅이 될 수 있다.

그러나 한 사람의 인생만 놓고 따지자면 주위의 인정이 필요한 영웅만큼이나, 아니 어쩌면 더 중요한 것은 스스로의 영웅이 되는 것이 아닌가 하는 생각이 들 때가 많다. 다수가 공감하는 영웅과 스스로의 영웅의 차이라면 후자는 아무런 객관적 기준도 없으며 그 결과에 대한 주위의 어떤 칭송이나 보상을 기대할 수 없다는 점이다. 개인의 철학과 인생관에 따라 스스로에 대한 평가의 잣대와 점수가 사람마다 다를 수밖에 없기 때문이다.

그렇다고 해서 스스로의 영웅이 객관적인 영웅보다 기준이 느슨하다고 생각하는 것은 잘못이다. 여기에는 굳이 복잡한 이론이나 논쟁이 필요 없다. 그냥 이 순간 한번 생각해보자. 나는 과연 나의 영웅인가? 내가 나의 영웅이 되기 위해서는 어떻게 해야 하는가? 나는 나의 영웅으로 생을 마칠 수 있을까?

따지고 보면 세상에는 위선적인 영웅, 가짜 영웅, 세속에 영합하는 영웅이 넘쳐난다. 그러나 스스로의 영웅에는 가식도 허구도 없다. 그 어떤 남의 눈치나 의식 없이 순수하게 자기와의 싸움, 자신과 약속한 결과에 대한 스스로의 평가이기 때문이다. 이런 의미에서 50대의 새로운 도전과 공부는 그 성과와 상관없이 우리 모두를 영웅으로 만드는 밑바탕을 마련해줄 것이다.

지독한 열정주의자의 유쾌한 중년 처방

해내려는 마음은 늙지 않는다

1판 1쇄 발행 2023년 2월 22일
1판 3쇄 발행 2023년 11월 17일

지은이 김원곤
펴낸이 고병욱

기획편집실장 윤현주 **책임편집** 유나경 **기획편집** 조은서
마케팅 이일권 함석영 복다은 임지현
디자인 공희 백은주 **제작** 김기창 **관리** 주동은 **총무** 노재경 송민진

펴낸곳 청림출판(주)
등록 제1989-000026호

본사 04799 서울시 성동구 아차산로17길 49 1009, 1010호 청림출판(주)
제2사옥 10881 경기도 파주시 회동길 173 청림아트스페이스(문발동 518-6)
전화 02-546-4341 **팩스** 02-546-8053
홈페이지 www.chungrim.com **이메일** cr1@chungrim.com
블로그 blog.naver.com/chungrimpub **페이스북** www.facebook.com/chungrimpub

© 김원곤, 2023

ISBN 978-89-352-1406-8 (03320)